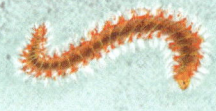

바다가 궁금해!

제스 프렌치 글 | 클레어 매켈패트릭 그림 | 방경오 옮김

1판 1쇄 펴낸날 2022년 10월 28일

펴낸이 정종호 | 펴낸곳 (주)청어람미디어(청어람아이)
편집 여혜영, 박세희 | 마케팅 이주은, 강유은
디자인 이원우 | 제작·관리 정수진
등록 1998년 12월 8일 제22-1469호
주소 03908 서울시 마포구 월드컵북로 375, 402호
전화 02-3143-4006~8 | 팩스 02-3143-4003
ISBN 979-11-5871-204-4 77470
979-11-5871-194-8 (세트)

잘못된 책은 구입하신 서점에서 바꾸어 드립니다.
값은 뒤표지에 있습니다.

Original Title: **Earth's Incredible Oceans**
Copyright © Dorling Kindersley Limited, 2021
A Penguin Random House Company

For the curious
www.dk.com

글쓴이
제스 프렌치
바다에 관심이 많은 자연 애호가이다.
수의사로 동물을 돌보지 않을 때면
자연과 관련된 책을 쓰는 작업에 매달린다.
〈제스와 함께 떠나는 곤충 탐험〉을 비롯한
어린이 텔레비전 프로그램을 진행하기도 했다.
쓴 책으로 『벌레가 궁금해!』가 있다.

옮긴이
방경오
바른번역 소속으로 책을 옮기고 있다.
아홉 살 딸이 읽을 책을 옮긴다는 생각으로
한 문장 한 문장 아껴가며 옮기는 자칭 타칭 딸바보다.
옮긴 책으로 『문북 : 달의 놀라운 비밀을 찾아 떠나는
특별한 여행』, 『당당한 육아』, 『이순신 : 추락한 영웅』
등이 있다.

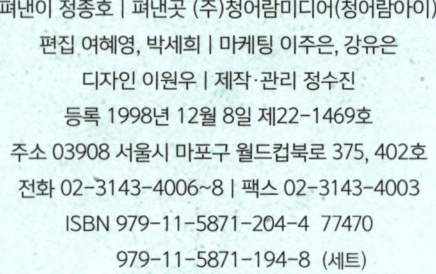

들어가며

어린 시절, 제 놀이터는 바닷가였어요.
바다를 보면 왠지 모르게 마음이
끌렸답니다. 육지와 바다의 경계인 해변에서
신기한 생물들을 보며 자랐어요. 그러나
제가 해변에서 보고 배운 것들은 거대한
바다 세계에 비하면 보잘것없이 작은
부분이었지요. 심해에서 살아가는 미지의
생물들, 생명력이 가득한 산호초, 바다는
신기하고 아름다운 광경들로 가득했답니다.
지금부터 저는 여러분을 놀라운 지구의
바닷속 세계로 안내할 거예요. 저와 함께
신비하고 놀라운 바닷속 깊은 곳의 비밀을
밝혀내 봅시다.

Jess French

제스 프렌치

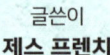

차례

4	**바다란 무엇일까요?**	**52**	**바다의 서식지**
6	대양과 해	54	산호초
8	움직이는 바다	56	해초지
10	해저 지형	58	켈프 숲
12	바다에도 층이 있나요?	60	드넓은 외해
14	고대의 바다	62	심해에 사는 동물들
16	바닷속을 탐험해 볼까요?	64	얼음 아래에서 사는 동물들
		66	해변
18	**바다에 사는 동물들**		
20	무척추동물	**68**	**인간과 바다**
22	해파리	70	바다는 인간의 삶에 어떤 영향을 미칠까요?
24	문어		
26	상어와 가오리	72	바다가 변하고 있어요
28	어류	74	바다를 지켜주세요
30	바다에 사는 파충류		
32	바닷새	76	용어
34	바다에 사는 포유류	78	찾아보기
36	일각돌고래	80	감사의 글
38	**바닷속 세상**		
40	먹이 그물		
42	잘 보이는 곳에서도 숨을 수 있어요!		
44	무리를 지으면 안전해요!		
46	서로 돕고 살아요		
48	새끼를 보살피는 동물들		
50	먼 거리를 이동하는 동물들		

바다란 무엇일까요?

**우리가 사는 지구는 우주에서 바라보면
파란색으로 빛나요. 엄청난 양의 물이
지구 표면을 덮고 있기 때문이지요.**

우리는 이 물을 '바다'라고 불러요.
지구 표면 대부분을 차지하는 바다는 생명체의 삶에
큰 영향을 미쳐요. 바다는 매우 넓고 깊어서 아직
인간의 손길이 닿지 못한 곳이 너무나도 많아요.
바닷물은 강이나 호수와 달리 염분이 있어 짠맛이 나지요.

바닷물은 끊임없이 움직여요.
바람에 밀려 움직이기도 하고 달의 인력에 끌리기도 하지요.
지진이 발생한 곳에서부터 물결이 퍼져나가기도 해요.

**그럼, 지금부터 놀라움과 신비로움이 가득한
지구의 바다를 함께 탐험해 볼까요?**

대양과 해

바다는 커다란 하나의 덩어리로 되어 있지만, 우리는 바다를 북극해, 대서양, 인도양, 태평양, 남극해, 이렇게 **다섯 개의 대양으로 나눠요.** 이 대양들은 수백만 년 전에 만들어졌답니다. 모두 연결되어 하나의 바다를 이루지요.

해

'해'라고 부르는 바다는 대양보다 작은 바다를 말해요. 대부분 육지와 맞닿아 있고 육지에 둘러싸여 있는 곳도 있어요.

움직이는 바다

바닷물은 쉬지 않고 움직여요. 움직이는 이유는 다양하지요.
바람의 세기와 방향, **바닷물** 온도와 수심의 차이가 바닷물을 움직이게
한답니다. **달**의 변화도 바닷물을 움직이는 요소 중 하나랍니다.

차가워진 바닷물은 아래로 내려가요

차갑고 염분이 많이 함유된 바닷물은 비중이 무거워 아래로 가라앉아요.

해류

바닷물의 표면층에는 바람에 따라 **해류**가 생겨나요. 바닷속 깊은 곳에서는 온도와 **염분**의 차이로 해류가 발생하지요.

따뜻해진 바닷물은 위로 올라가요

주변보다 따뜻하고 염분이 적은 바닷물은 표면으로 올라가요.

북극과 남극의 바닷물이 가장 차가워요.

너울 파도

바람이 불면 바닷물의 표면에 **파도**가 일어요.
해변의 지형과 바람이 서로 조건이 맞을 때
거대한 너울 파도가 생겨나지요.

파도타기를 즐기는 사람들
서핑을 즐기는 사람들은 큰
파도를 찾아 세계 각지를
여행한답니다.

쓰나미

지진처럼 엄청난 양의 바닷물을 움직일 만한 힘이
작용하면, 우리가 **쓰나미**라 부르는 해일이 발생해요.
이 거대한 파도는 매우 빠른 속도로 해변을 덮쳐
순식간에 모든 것을 쓸어버리지요.

위험한 파도
지진이 발생한 지점에서부터 커다란
물결이 빠른 속도로 퍼져나가요.

지진 발생 지점

높은 파도
쓰나미는 해변 근처에 도착해
얕은 지형을 만나면 매우 높이
솟구치는 파도로 변해요.

조류

지구와 마찬가지로 달과 태양 사이에도 서로를
끌어당기는 힘인 **만유인력**이 작용해요. 이렇게
달과 태양의 인력이 지구의 바다를 끌어당기면
해수면의 높이가 달라지는데, 이렇게 바닷물이
들고 나가는 과정에서 **조류**가 생겨난답니다.

만조

간조

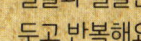

밀물과 썰물
밀물과 썰물은 일정한 주기를
두고 반복해요. 그래서
조수가 바뀌는 시간을 예측할
수 있답니다.

해저 지형

우리가 대양저라고 부르는 바다의 밑바닥은 지구에서 가장 신비로운 장소예요.
사실 과학자들은 바다의 밑바닥에 대해 많이 알지 못해요. 오히려 달의 표면에 대해 더 많이 알고 있을 거예요. 바다의 밑바닥은 아직 완전히 밝혀지지 않은 장소예요. 과학자들은 해저 지형의 여러 특징 가운데 일부만 밝혀냈을 뿐이랍니다.

화산섬
해저 화산이 폭발하면서 솟아오른 지형이에요.
꼭대기가 해수면 위로 올라와 섬이 되었지요.

해상 시추 설비
바다 밑바닥에 구멍을 뚫어 석유와
천연가스를 추출하는 설비를 말해요.

해저 자원

해저에서 얻을 수 있는 자원들은
사람에게 유용한 것들이 많아요.
하지만 그 자원들을 추출하는 것은
매우 어려운 일이랍니다. 깊은 곳에
있는 자원일수록 더 얻기 힘들어요.

기요
꼭대기가 평평한 형태의
화산섬을 말해요.

해저 협곡
대륙사면에 있는
깊은 골짜기예요.

해구
해저에 있는 깊은
골짜기를 말해요. 가장
깊은 해구는 깊이가 무려
11km가 넘는답니다.

**세계에서 가장 깊은 바다는
태평양에 있는 마리아나 해구랍니다.
세계에서 가장 높은 산인 에베레스트산이
모두 잠기고도 남는 깊이를 자랑하지요.**

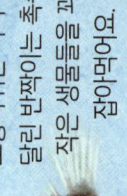
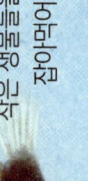

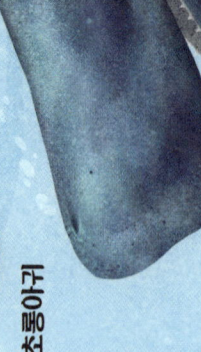

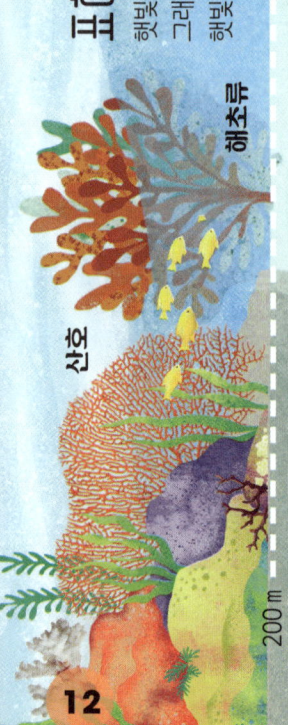

표해수층

햇빛이 충분히 닿아 바닷물이 따뜻한 구간이에요. 그래서 많은 식물이 자라지요. 계절과 시간에 따라 햇빛이 비치는 양과 수온이 달라지죠.

해파리 / 돌고래 / 상어 / 물고기 떼 / 해초류 / 산호

중층원양대

아주 적은 양의 햇빛이 닿는 구간이에요. 그래서 이 구간에 사는 동물들은 어둠 속에서 길을 찾을 수 있도록 커다란 눈을 가지고 있답니다.

에페르곤벨라 / 배럴아이 / 고래

점심해수층

햇빛이 전혀 닿지 않는 구간이에요. 깜깜한 바다에 사는 생물들은 스스로 빛을 내기도 한답니다. 따스한 햇볕이 닿지 않으니 수온이 차갑고 잘 변하지 않아요.

향유고래 / 장수외뿔고래 / 치명적인 빛 / 고사머벌레 / 초롱아귀 / 오징어 / 검목상어 / 뱀장어 / 먹장어 / 곰치 / 고래 사체 / 칼도어

이 구간에 사는 동물들은 춥고 어두운 환경에 적응해야만 해요.

심해원양대

이 구간은 수압이 매우 높고 얼음장처럼 차가워요. 이곳에서 살 수 있는 생명체는 거의 없어요. 이 구간에 사는 몇 안 되는 동물들은 위쪽에서 떨어지는 죽은 식물과 동물 사체를 먹고 살아요.

이 구간의 바닷물은 철흙같이 어둡고 얼음장처럼 차가워요.

마그나피나오징어 / 꼼치

200 m / 1,000 m / 2,000 m / 3,000 m / 4,000 m / 5,000 m

12

← 커스크장어

← 옆새우

← 마리아나 스네일피시

← 거미불가사리

초심해저부
깊은 해저 바닥의 어둡고 선뜩한 해구에도 특별한 생물들이 살고 있어요. 하지만 해구를 탐사하는 것은 너무나도 어렵고 위험한 일이라, 인간은 아직 이곳에 사는 생명체에 관해 아는 것이 거의 없어요.

바다에도 끝이 있나요?

바다는 엄청나게 큽니다. 지표면의 70%가 넘는 부분을 뒤덮고 있어요. 깊이도 수천 미터나 되지요. 우리는 이렇게 거대한 바다를 다섯 개의 해수층으로 나눠 불러요.

세계에서 가장 깊은 해구의 끝까지 내려가 본 사람보다 달에 착륙해 발자국을 남긴 사람의 수가 더 많답니다.

6,000 m

7,000 m

8,000 m

9,000 m

10,000 m

11,000 m

13

무척추동물

삼엽충

무척추동물은 바다에 사는 최초의 동물이었어요. 딱딱한 등껍질을 가진 삼엽충은 수백만 년 동안 바다를 가득 채웠던 생물이랍니다.

어류

메갈로돈의 턱뼈

어류는 5억 년이 넘는 시간 동안 바다에 사는 동물이에요. 메갈로돈이라는 고대 상어는 턱과 날카로운 이빨을 가지고 있었지만, 최초의 어류는 턱이나 뼈가 없었어요.

파충류

플레시오사우루스

2억 년 전의 바다는 목이 길고 발이 노 모양이었던 거대한 파충류들이 지배했어요.

고래

고래의 골격

고래는 다리가 4개인 육지 동물로부터 진화했어요. 시간이 지나면서 고래의 다리는 사라지고 팔은 지느러미로 변했답니다.

나우틸로이드의 화석

현재의 앵무조개

오늘날 바다에 사는 몇몇 동물들은 수백만 년 전에 살았던 동물들과 생김새가 거의 비슷해요.

미국 해양조사선 '보우디치함'

수면에서는…
스쿠버다이버들은 공기통을 사용해 물속에서 숨을 쉬어요.

해양 탐사
연구자와 탐험가 들을 태운 연구선은 탐사 장비들을 가득 싣고 탐사 지역으로 향해요.

바닷속을 탐험해 볼까요?

인간은 물고기와 달리 물속에서 숨을 쉴 수 없어요. 그래서 바다를 탐험하려면 특수 장비가 필요하지요. 그러나 바다는 너무나도 크고 인간이 갈 수 없는 곳도 많아서, 기술이 충분히 발전한 지금도 탐험하지 못한 지역이 아직 많답니다.

원격 조종
원격으로 조종할 수 있는 로봇들도 있어요. 어떤 로봇들은 스스로 길을 찾아 움직이기도 해요.

무인 탐사선(ROV) 'Kiel 6000'

고정 카메라
연구자들은 탐사할 장소에 카메라를 고정해 두기도 해요. 앞으로 어떤 상황이 발생하는지 계속 지켜보려는 거예요.

로봇 탐험선

너무 위험해서 인간이 직접 갈 수 없는 곳은 로봇들을 이용해 탐사해요. 로봇은 표본을 채취하고 사진을 찍어 연구자들의 해저 연구에 도움을 준답니다.

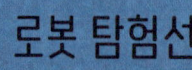

수중 카메라 '아이 인 더 씨'

해양 탐사선
'노틸러스'

수중에서는…
음파탐지기를 장착한 탐사선은 음파를 발사해 바닷속을 더 자세히 탐사할 수 있어요.

음파탐지기(소나)

음파탐지기는 음파를 발사해 수중의 물체를 찾아내고 다른 선박과 신호를 주고받아요. 수중을 탐사하고 바다의 깊이를 측정해 상세한 해저 지형도를 만드는 데도 음파를 사용한답니다.

돌고래도 음파를 내보내 수중에서 물체를 탐지한답니다.

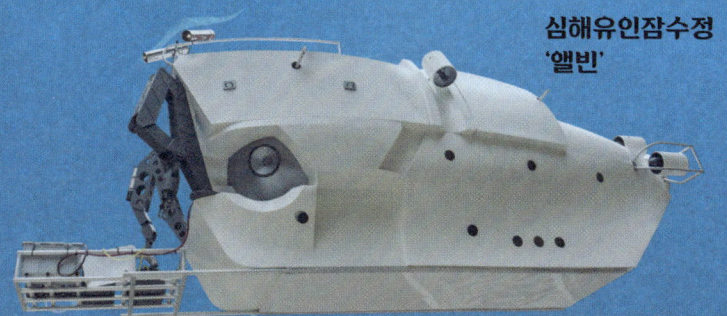

심해유인잠수정
'앨빈'

잠수정

잠수정은 최첨단 기술로 가득한 전문 수중 탐사선이에요. 바다를 과학적으로 연구하기 위해 연구자들을 바닷속으로 직접 데려갈 수 있답니다.

되돌아오는 음파
탐사선에서 발사한 음파가 되돌아오는 데 걸리는 시간을 계산하면 해저 지형의 형태를 그려볼 수 있어요.

17

바다에 사는 동물들

지구의 바다에는 수많은 동물과 식물이 살고 있어요. 거센 파도가 일렁이는 바닷속에서 살아가려면 그런 환경에 잘 적응해야 한답니다.

바다에 사는 동물들은 생김새와 크기가 제각각이에요. 맨눈에는 보이지도 않을 만큼 작은 플랑크톤도 있고 지구에서 가장 큰 동물인 대왕고래도 바다에 살고 있어요. 바다에서 사는 동물들은 각자의 역할이 있답니다. 살아남기 위해 다른 동물들을 이용하기도 하지요.

그럼, 지구의 바다에 사는 멋진 동물들을 만나러 넓은 바닷속으로 풍덩 빠져들어 볼까요?

수영과 사냥의 달인
북극곰은 주로 육지에서 살지만, 배가 고프면 바닷속으로 뛰어들어 먹잇감을 사냥해요.

무척추동물

무척추동물은 등뼈가 없는 동물을 말해요. 박테리아와 해조류를 먹고 살다가 더 큰 바다 생물들의 먹이가 되기도 한답니다.

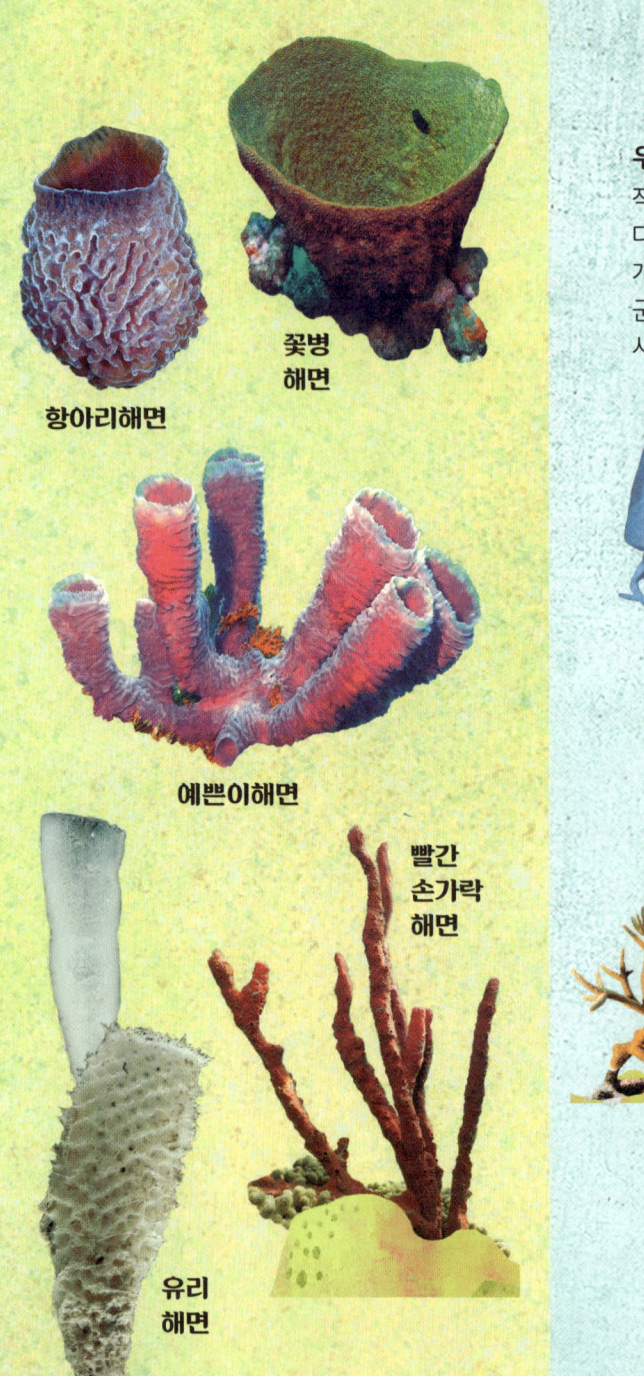

해면동물

해면동물은 구조가 매우 단순해요. 하지만 바다 생태계에서 매우 중요한 역할을 한답니다. 바닷물에 섞여 있는 작은 부스러기들을 먹고 살아요. 그래서 바다의 정수기 같은 역할을 하지요.

자포동물

해파리나 산호초, 말미잘 같은 동물이 자포동물에 속해요. 지구상에 존재하는 자포동물은 1만 종이 넘는답니다.

바다의 벌레들

우리가 바다의 벌레라고 부르는 생물에는 여러 종이 있어요. 대부분 돌 아래나 진흙, 모래 속에 숨어 살지요. 보통 기다란 몸통은 거의 다 숨기고, 아주 작은 부분만 밖으로 내밀고 있어요.

복족류

육지에 사는 민달팽이나 달팽이도 복족류에 속해요.

삿갓조개 · 갯민숭달팽이 · 청자고둥

쌍각류

위아래 두 개의 껍질로 부드러운 몸을 감싸고 있는 생물들을 쌍각류라고 해요.

국자가리비 · 대왕조개

두족류

문어와 오징어, 갑오징어, 앵무조개 등이 있어요.

카리브암초문어 · 갑오징어 · 참문어

연체동물

바다에는 7만 종이 넘는 연체동물이 있어요. 생김새도 매우 다양하지요. 단단한 껍질로 연약한 몸을 보호하는 종들이 대부분이에요.

닭새우 · 거미게 · 거북손 · 따개비 · 맨티스쉬림프 · 파이어쉬림프

갑각류

갑각류는 적의 공격을 막아주는 단단한 껍데기가 있어요. 그런데 더 크게 자라려면 이 껍데기를 벗어야 한답니다.

바다나리 · 불가사리 · 샌드 달러 · 해삼 · 성게

극피동물

극피동물은 바다에서만 발견되는 생물이에요. 대부분이 둥근 형태랍니다. 마치 자전거 바큇살처럼 생겼어요.

해파리

해파리는 지구의 바다에서 수백만 년 동안이나 살아온 생물이에요. 몸에 뼈가 전혀 없는 무척추동물이랍니다. 신비롭게 하늘거리는 촉수들로 먹잇감을 쏘아 사냥해요. 촉수에 사람의 목숨을 앗아갈 만큼 강한 독을 가진 해파리도 있어요.

기포체
말랑말랑한 우산 모양 기포체는 해파리의 몸을 구성하는 주요 부분이에요.

보름달물해파리

촉수
먹잇감을 촉수로 쏘아 기절시켜서 잡아먹어요.

단순한 몸 구조

해파리의 몸은 아주 단순한 구조로 이루어져 있어요. 수영을 잘하지 못해 대부분 조류의 흐름에 몸을 맡겨 이동한답니다.

입팔
이 기다란 팔로 먹잇감을 입으로 가져간답니다.

해파리의 생애

해파리의 생애는 대부분 작은 유생 단계로 시작해요. 해파리의 유생들은 조류를 타고 떠다니다 바위를 만나면 그곳에 붙어요. 해파리는 성체가 되기 전까지 형태를 여러 번 바꿔요. 성체에서 떨어져 나간 죽은 세포가 폴립으로 다시 자라나는 신비한 능력을 갖춘 특별한 해파리도 있답니다.

유생 → 폴립 → 여러 개의 폴립으로 증식

보름달물해파리는 신기하게도 점점 자랄수록 다시 젊어지기도 한답니다!

반짝이는 해파리

스스로 빛을 내는 해파리도 있어요.
어둠 속에서 반짝반짝 빛을 내지요.
이런 현상을 '생물발광'이라 한답니다.

수천 마리의 해파리들이 떼를 지어 다니면,
그 모습이 마치 들판에 활짝 핀 꽃들처럼 보여요.
그래서 떼를 지은 해파리들을 가리켜
'해파리가 피어났다'라고 표현한답니다.

→ 스트로빌라 → 에피라 → 성체(다 자란 해파리)

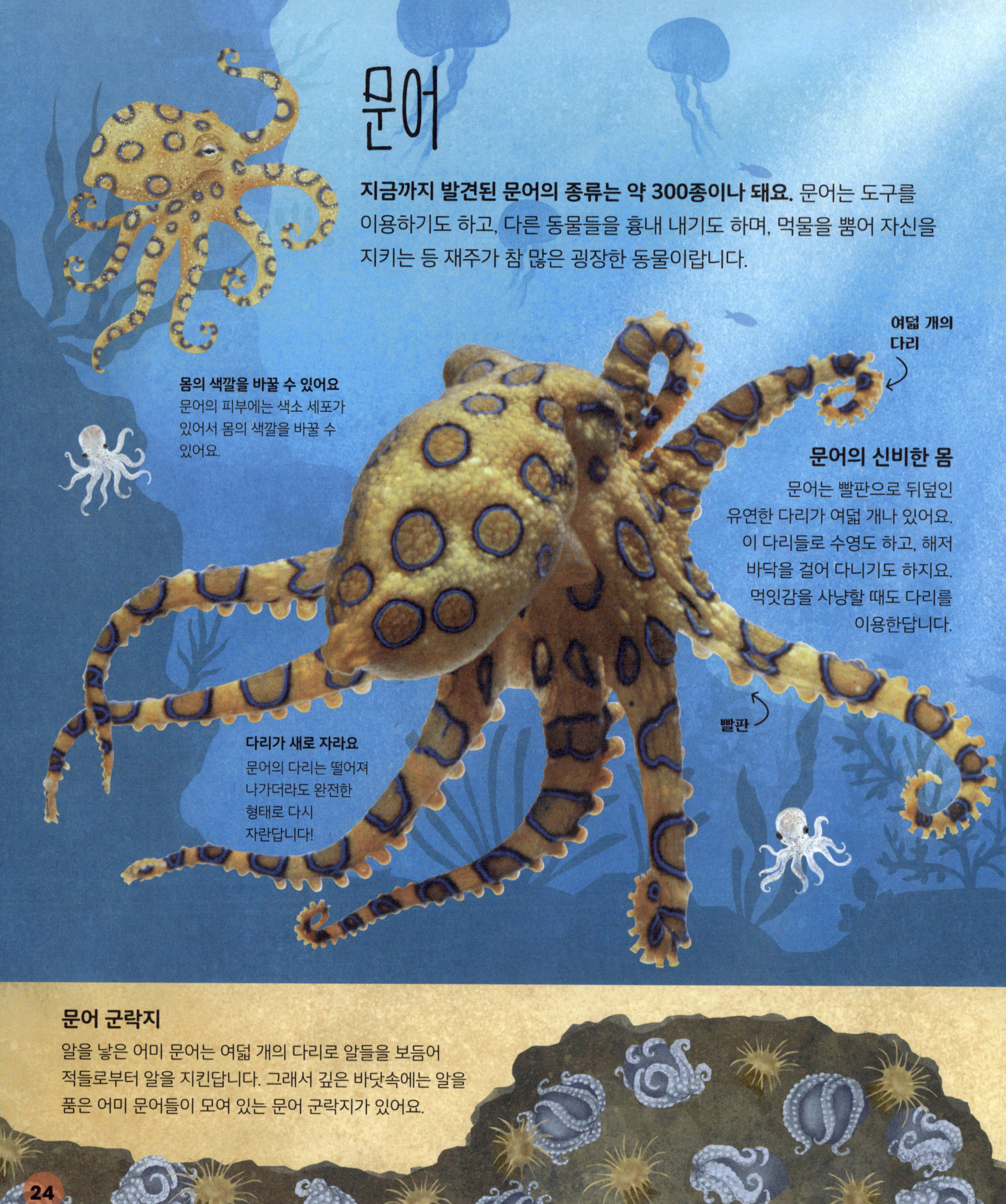

문어

지금까지 발견된 문어의 종류는 약 300종이나 돼요. 문어는 도구를 이용하기도 하고, 다른 동물들을 흉내 내기도 하며, 먹물을 뿜어 자신을 지키는 등 재주가 참 많은 굉장한 동물이랍니다.

여덟 개의 다리

몸의 색깔을 바꿀 수 있어요
문어의 피부에는 색소 세포가 있어서 몸의 색깔을 바꿀 수 있어요.

문어의 신비한 몸
문어는 빨판으로 뒤덮인 유연한 다리가 여덟 개나 있어요. 이 다리들로 수영도 하고, 해저 바닥을 걸어 다니기도 하지요. 먹잇감을 사냥할 때도 다리를 이용한답니다.

빨판

다리가 새로 자라요
문어의 다리는 떨어져 나가더라도 완전한 형태로 다시 자란답니다!

문어 군락지

알을 낳은 어미 문어는 여덟 개의 다리로 알들을 보듬어 적들로부터 알을 지킨답니다. 그래서 깊은 바닷속에는 알을 품은 어미 문어들이 모여 있는 문어 군락지가 있어요.

전 세계에서 가장 큰 문어는
'대왕문어'라고도 불리는
'큰태평양문어'예요. 기린과
비슷한 크기를 자랑한답니다!

문어는 어떻게 헤엄칠까요?
문어는 물을 삼켰다가 뿜어내는 방법으로 빠르게
헤엄칠 수 있어요. 제트기가 빠르게 날아가는 방식과
비슷하지요. 이런 방식을 '제트 추진'이라고 해요.

데이옥토퍼스

참문어

먹물 발사!
문어들은 위협을 느낄 때 먹물을 발사해서 주변을
시커먼 먹물 구름으로 뒤덮을 수 있어요. 그런 다음
적이 어리둥절한 틈을 타 유유히 도망친답니다.

먹물 구름
문어의 먹물은 어두운
파란색이나 검은색을
띤답니다.

먹물

참문어

코코넛이 좋아!
코코넛문어는 코코넛 껍질을
아주 좋아한답니다. 코코넛 껍질을
찾아내고 나면 헬멧처럼 머리에
쓰기도 하고, 방패나 은신처로
삼기도 해요.

코코넛
문어

상어와 가오리

상어와 가오리, 은상어 같은 어류는 딱딱한 뼈 대신 연골이라는 부드러운 골격을 갖고 있어요. 그래서 '**연골어류**'에 속해요. 이렇게 아름답고 매력이 넘치는 상어와 가오리 들은 **4억 년 전부터** 지구의 바다에서 살고 있지요.

소코가오리

쥐가오리

대왕쥐가오리는 날개폭이 최대 9m나 된답니다!

꼬리

가슴지느러미

가오리

홍어와 가오리는 몸이 납작하게 생겨서 바닥에 납작 엎드려 숨기 좋아요. 노랑가오리, 전기가오리, 쥐가오리, 톱가오리 등 종류가 매우 다양하답니다.

웅장한 자태
커다란 쥐가오리가 가슴지느러미를 펄럭이며 헤엄치는 모습은 정말 멋져요.

머리지느러미
머리 양쪽에 뿔 모양으로 나 있는 지느러미는 플랑크톤 같은 작은 생물을 모아 입으로 가져가는 역할을 해요.

상어

상어의 종류는 수백 가지가 넘어요. 대부분 매우 예민한 감각 기관과 강력한 턱, 날카로운 이빨을 갖고 있지요. 상어는 능숙한 솜씨로 먹잇감을 사냥하는 바다의 포식자랍니다.

귀상어

아가미로 호흡해요.

탄탄한 피부

상어는 이빨이 여러 줄로 나 있어요.

유연한 뼈
상어의 뼈는 탄탄하고 유연한 연골로 되어 있어요.

지느러미

꼬리

상어는 날쌘 수영 선수예요

상어는 몸이 유선형이며 머리가 미사일처럼 뾰족해요. 게다가 단단한 뼈도 없어 몸이 가볍지요. 덕분에 상어는 최고 시속 72km로 쏜살같이 헤엄칠 수 있답니다.

얼룩말상어

은상어와 유령상어

'키메라'라고도 부르는 은상어나 유령상어는 햇빛이 들지 않는 깊은 바닷속에서 살아요. 컴컴한 어둠 속에서 살아가기 위해 커다란 눈을 갖고 있답니다.

호주유령상어

상어의 알

상어와 가오리는 대부분 가죽 주머니처럼 생긴 주머니 안에 알을 낳고 해초에 붙여 둔답니다.

새끼는 알주머니 안에서 자란답니다. 다 자라는 데 1년이 넘게 걸리기도 해요.

어미 상어를 꼭 닮은 조그만 새끼 상어가 알을 깨고 나와요.

빈 알주머니는 조류를 타고 해안으로 떠밀려오기도 한답니다.

어류

어류는 대부분 변온동물이며 비늘이 몸체를 싸고 있어 헤엄치기에 아주 좋은 조건을 갖추고 있어요. 지구의 모든 바다와 강, 호수에서 쉽게 볼 수 있지요. 대부분 '**경골어류**'에 속해요.

경골어류
경골어류에 속하는 물고기들은 몇 가지 특징이 있어요.

부레
부레로 공기를 조절해 균형을 잡아요.

골격
몸통을 지지하는 골격이 딱딱한 **뼈**로 이루어져 있어요.

대서양 대구

비늘
적의 공격으로부터 몸을 보호해요.

꼬리지느러미
물을 밀어내면서 재빨리 움직일 수 있어요.

등지느러미

물고기는 매끄러운 몸 덕분에 물을 가르며 미끄러지듯 헤엄칠 수 있어요.

가슴지느러미
물을 헤치며 방향을 바꾸는 역할을 해요.

배지느러미

아가미
물속에서 숨을 쉴 수 있어요.

평소 크기

부풀린 크기

복어
복어는 위협을 느끼면 물을 꿀꺽 삼켜 몸을 세 배나 더 크게 부풀려요.

쏠배감펭
화려하고 아름다운 외모를 뽐내는 쏠배감펭은 좀 위험한 물고기예요. 다른 물고기를 잡아먹고 살며, 가시에는 독이 있답니다.

해마
해마는 매우 특이하게 생긴 물고기예요. 말처럼 긴 주둥이를 갖고 있으며 몸에 비늘이 없어요. 게다가 꼿꼿이 선 채로 생활한답니다.

전기뱀장어
전기뱀장어는 몸에서 강력한 전기를 뿜어내 먹잇감을 기절시키고 자신을 보호한답니다.

어류의 95%는 경골어류에 속한답니다. 경골어류는 2만 개가 넘는 종이 있어요.

날치
날치는 커다란 가슴지느러미를 날개처럼 이용해 수면 위로 날아오른답니다. 적을 피하기 위한 행동이에요.

산갈치
산갈치는 깊은 중층원양대에 살아요. 세상에서 가장 긴 물고기랍니다.

쏠종개
쏠종개는 바닥 주위에서 살아요. 긴 수염을 이용해 바닥에 숨어 있는 작은 생물들을 찾아내 잡아먹는답니다.

대서양연어
대서양연어는 일생의 절반을 강에서 살고, 나머지 절반은 바다에서 살아요. '물고기의 왕'이라는 멋진 별명을 갖고 있답니다.

바다에 사는 파충류

짜디짠 바닷물에서 살 수 있는 파충류는 매우 드물어요.
그중에서도 평생을 바다에서 사는 파충류는 손에 꼽힐 정도로 적지요.

악어

몇몇 악어 종은 바닷물에서도 살 수 있어요.
그중 가장 몸집이 큰 바다악어는 바다 생활에 가장 잘 적응한 파충류예요. 보통 육지 근처에서 살지만, 해류를 타고 넓은 바다를 건너가기도 한답니다.

바다악어

노란배바다뱀

바다뱀은 대부분 새끼를 낳는 파충류예요.

바다뱀
일생을 바다에서 사는 뱀도 있어요. 바다뱀은 콧구멍이 머리 윗부분에 있고 몸속에 머리부터 꼬리까지 길게 이어진 폐가 있답니다. 꼬리는 노처럼 생겼어요. 육지와 바다를 오가며 살아가는 종도 있어요.

바다이구아나
바다이구아나는 해안에서 사는 유일한 도마뱀이에요. 갈라파고스 제도의 섬에 주로 서식하며, 해안가의 바위나 바닷속을 돌아다니며 신선한 해조류를 먹고 살지요.

바다이구아나

바다거북
바다에는 7종의 바다거북이 살아요. 세계 곳곳의 바닷가에서 볼 수 있지요. 보통 바다거북은 바닷속에서 주로 생활하다가 알을 낳는 시기에만 해안으로 올라온답니다. 육지로 나와 일광욕을 즐기는 거북도 있어요.

장수거북

해안으로 올라온 바다거북
바다거북은 육지거북과 달리 머리와 팔다리를 등딱지 속으로 넣지 못한답니다.

바닷새

드넓은 바다 위를 날아다니며 살아가는 것은 우리가 상상도 못 할 만큼 **힘들 거예요**. 바다에서 사는 새들은 짠물을 마셔야 하고, 파도를 헤쳐가며 수면 아래에서 먹잇감을 찾아야 한답니다. 게다가 안전하게 발 디딜 곳을 찾을 때까지는 끊임없이 하늘을 날아다녀야 하지요. 어떤 바닷새는 **몇 달 동안**이나 바다 위를 쉬지 않고 날아다니면서 살아가요. 매년 번식기에만 육지로 잠깐 돌아가 지친 날개를 쉬게 해준답니다.

검은머리 알바트로스

바다 생활에 적응했어요

바닷새들은 바다에서 살아남기 위해 특별한 방식으로 적응했답니다.

알바트로스

알바트로스는 바닷새 가운데에서 몸집이 **가장 크답니다.** 수명이 무려 50년이 넘어요. 알바트로스가 사는 동안 하늘을 나는 거리는 무려 850만km가 넘는답니다.

분비샘
짠 바닷물을 마셔야 하는 알바트로스의 코에는 염분을 제거하는 분비샘이 있어요.

길고 얇은 날개
날개를 펄럭이지 않고도 오랫동안 날 수 있어요.

깃털에는 물기가 남지 않아요.

나그네 알바트로스

발가락 사이에 **물갈퀴**가 있어서 헤엄을 잘 쳐요.

검은 털과 흰 털은 물속이나 물 밖에서 눈에 잘 띄지 않아 쉽게 위장할 수 있어요.

바위뛰기펭귄

펭귄

펭귄은 날개를 지느러미처럼 사용하지요. 그래서 최고 시속 35km로 헤엄칠 수 있는 훌륭한 **수영 선수**랍니다.

바다쇠오리

바다쇠오리는 추운 날씨에 적응하기 위해 몸통이 통통하고 날개가 작아요. 바다쇠오리는 능숙한 **수영 실력**을 뽐내며, 잠수도 곧잘 한답니다.

열대새

멋진 외모를 자랑하는 열대새들은 **날카롭고 우렁찬 울음소리**를 내며 멋들어지게 하늘을 날아요.

흰꼬리열대새

큰바다쇠오리

도둑갈매기

다른 바닷새가 사냥한 먹잇감을 **빼앗아 먹는** 사납고 난폭한 무법자예요. 반대로 자신의 둥지가 공격받으면 목숨 걸고 돌진해 둥지를 지킨답니다.

바다제비와 풀마갈매기

이 새들은 평생을 바다 위를 날아다니는 **최고의 비행사**랍니다. 적을 만나면 고약한 냄새가 나는 위액을 토해낸답니다.

흰얼굴바다제비

북극도둑갈매기

바닷새들은 해변이나 해안 절벽에 크게 무리 지어 둥지를 트는 습성이 있어요.

수컷 군함조는 빨간 목 주머니를 풍선처럼 한껏 부풀려 암컷을 유혹한답니다.

군함조

군함조는 다른 바닷새와는 다르게 깃털이 물에 잘 젖어요. 그래서 수면 가까이 뜬 먹잇감만 사냥한답니다. 먹잇감을 찾을 때까지 **몇 주 동안**이나 쉬지 않고 하늘을 날 수 있어요.

미국군함조

33

바다에 사는 포유류

포유류는 모두 일정하게 체온을 유지하는 정온동물이에요. 폐로 공기를 들이마시고 내쉬면서 호흡하며 몸에 털이 나 있지요. 그래서 바다는 포유류가 살아가기에 적합한 환경이 아니랍니다. 하지만 바다에 사는 포유류는 **이런 환경에 멋지게 적응해 바다에서도 살아갈 수 있게 되었답니다.**

바다코끼리　　바다사자　　코끼리바다표범

바다표범과 바다코끼리

기각류에 속하는 바다표범과 바다코끼리는 앞발과 뒷발에 지느러미가 있어요. 그래서 수영도 잘하고 육지와 얼음 위를 기어 다니기도 하지요. 기각류들은 대부분 추운 지역에서 살아요. 그래서 체온을 유지하기 위해 피부 아래에 두꺼운 지방층을 갖고 있답니다.

돌고래와 고래

돌고래를 비롯한 **고래류**에 속하는 동물들은 물속에서 날렵하게 움직이도록 앞은 둥글고 뒤로 갈수록 뾰족한 유선형 몸체를 갖고 있어요. 게다가 머리 꼭대기에 숨구멍이 있어서 수면 위로 머리를 내밀고 숨을 쉴 수 있답니다.

긴부리돌고래

듀공과 매너티

듀공과 매너티는 커다란 몸집을 자랑하지만 온순한 초식동물이랍니다.
따뜻하고 얕은 물을 좋아하지요. 해초를 뜯어 먹기 쉽도록 입술이 빳빳해요.
코끼리의 먼 친척뻘이며 한때 사람들이 인어로 착각하기도 했답니다.

듀공

매너티

대왕고래는 지구상에서 가장 큰 몸집을 자랑하는 동물이랍니다.

대왕고래

예전에는 고래잡이를 금지하는 법이 없어서 사람들이 고래를 무분별하게 잡아들인 나머지, 많은 고래가 멸종될 위기에 처했지요. 다행히 고래잡이를 금지하는 법이 만들어진 이후로 고래의 개체 수가 서서히 회복되고 있어요.

혹등고래

벨루가

일각돌고래

신비한 생김새를 뽐내는 일각돌고래는 독특한 엄니 덕분에 바다의 유니콘이라고도 일컬어진답니다.
차가운 북극 바다에서만 볼 수 있으며, 뾰족한 엄니로 얼음에 구멍을 뚫고 고개를 빼꼼히 내밀기도 해요.

일각돌고래는 차가운 물속에서도 체온을 따뜻하게 유지하기 위해 피부 아래에 **두꺼운 지방층**을 갖고 있어요.

↙ 일각돌고래 수컷

암컷은 보통 엄니가 없어요.
하지만 암컷도 열에 하나는 작지만 뾰족한 이빨이 자라기도 한답니다.

피부색이 변해요
일각돌고래는 나이가 들면서 피부색이 **변한답니다.** 태어날 때는 파란빛이 도는 회색이었다가 어릴 때는 푸르스름한 검은색으로 바뀌고, 어른이 되면 회색 점박이가 되지요. 더 나이가 들면 하얀색으로 변해요.

바닷속 세상

바다에서 사는 동물들은 살아남기 위해 서로 치열하게 경쟁해야 해요. 먹잇감, 사는 곳, 몸을 숨길 곳은 물론, 짝짓기마저도 경쟁에서 이겨야 얻을 수 있답니다. 그러니 경쟁에서 이기려면 특별한 재주 하나쯤은 가지는 편이 좋겠지요.

바다에서 사는 동물들은 생존과 번식을 위해 자신만의 특별한 재주를 갈고닦으며 진화했어요. 아빠가 새끼를 낳기도 하고, 새우들이 물고기들의 피부 관리사가 되기도 한답니다. 고래는 독특한 방식으로 새끼를 돌보는 것으로 유명해요. 이처럼 바다는 어디에서도 볼 수 없는 신기하고 독특한 삶이 가득한 세상이랍니다.

지금부터 신기하고 재미있는 바닷속 세상을 함께 구경해 볼까요?

해변의 사냥꾼
젠투펭귄은 먹잇감을 찾아 해변을 돌아다니며 하루에 수백 번이나 바닷속으로 다이빙해요.

먹이 그물

바다에 사는 생물들은 모두 서로 연결되어 있어요. 촘촘하게 얽힌 **먹이 그물**을 따라 에너지가 전달된답니다. **해조류와 플랑크톤**이 태양에너지를 몸에 저장하는 것에서 먹이 사슬이 시작되지요.

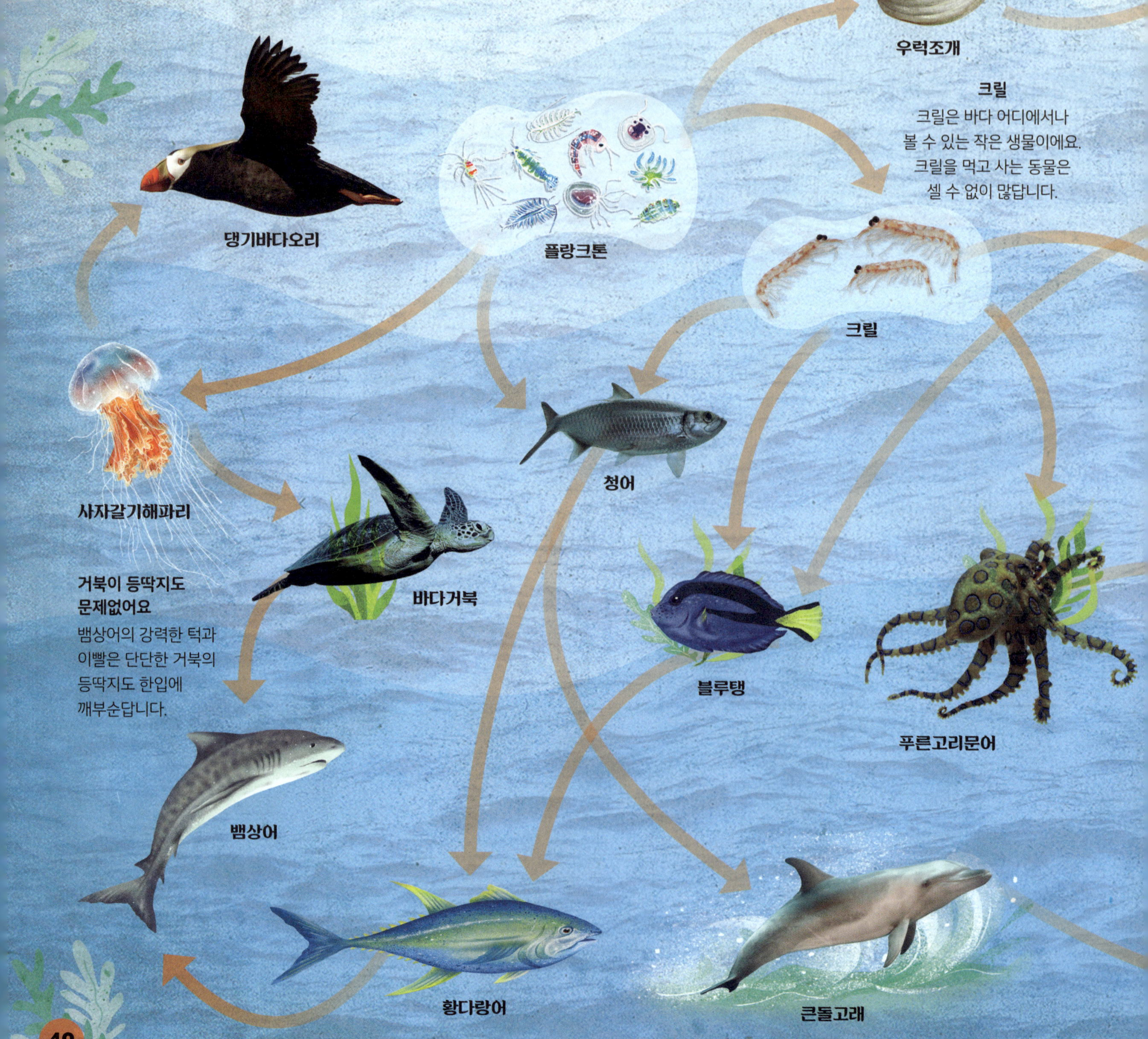

우럭조개

크릴
크릴은 바다 어디에서나 볼 수 있는 작은 생물이에요. 크릴을 먹고 사는 동물은 셀 수 없이 많답니다.

댕기바다오리

플랑크톤

크릴

사자갈기해파리

거북이 등딱지도 문제없어요
뱀상어의 강력한 턱과 이빨은 단단한 거북의 등딱지도 한입에 깨부순답니다.

바다거북

청어

블루탱

푸른고리문어

뱀상어

황다랑어

큰돌고래

잘 보이는 곳에서도 숨을 수 있어요!

바닷속 세상은 위험투성이랍니다. 그래서 바다에서 사는 동물들은 포식자들에게 잡아먹히지 않으려면 항상 **몸을 숨길 곳을 찾아야만 하지요.** 반대로 포식자들도 먹잇감을 사냥하기 위해 **위장술**을 쓰기도 한답니다. 바닥에 납작 엎드려 있다가 먹잇감이 눈치채지 못한 사이에 덮쳐버려요.

형체가 흐릿해요
태설드와비공은 덥수룩한 수염 덕분에 몸통의 윤곽이 흐릿하게 보인답니다. 그래서 찾아내기 쉽지 않아요.

흉내문어
흉내문어는 변장의 달인이랍니다. 몸을 뒤틀어 색과 형태를 바꿔서 독이 있고 악취가 나는 바다 생물들의 모습으로 변신하지요.

몸에 뼈가 없어요
문어는 몸속에 뼈가 없답니다. 그래서 형태를 쉽게 바꿀 수 있지요.

태설드와비공
태설드와비공은 카펫상어라고도 불리는데, 윗입술 주위에 지렁이 모양을 닮은 수염이 덥수룩하게 나 있어요. 작은 물고기들이 이 수염을 먹이로 착각하고 가까이 다가오면, 덥석 삼켜버린답니다.

스톤피쉬

스톤피쉬는 암초 주변에 누워서 먹잇감이 지나가기를 기다리지요. 자신을 발견하지 못하고 지나가는 작은 물고기들을 덥석 삼켜버려요. 몸에는 강력한 독 가시가 있어서, 가시에 찔리면 사람도 목숨을 잃을 정도로 위험해요.

가시를 조심하세요
매우 위험한 독 가시를 가진 스톤피쉬는 암초 사이에 가만히 앉아 있으면 찾아내기가 매우 어렵답니다.

산호초에 숨어 살아요
몸의 무늬가 화려한 할리퀸 유령실고기는 산호초와 바다나리에 숨는 걸 좋아해요.

해초처럼 하늘거려요
해초를 닮은 유령실고기는 해초처럼 바닥에 딱 붙어서 하늘거려요.

유령실고기

유령실고기는 해마와 비슷한 물고기랍니다. 생김새가 해초류나 산호초와 매우 비슷해서 완벽하게 몸을 숨길 수 있어요.

무리를 지으면 안전해요!

크게 무리를 지어서 안전하게 살아가는 물고기들이 있어요. 참치나 청어, 멸치 같은 물고기들은 항상 무리를 지어 이동한답니다. 먹이를 사냥하거나 짝짓기를 할 때처럼 필요할 때만 무리를 짓는 물고기도 있어요.

왜 무리를 지어 헤엄칠까요?

무리를 지어 헤엄치면 포식자들이 쉽게 다가오지 못해요. 그래서 포식자들에게 잡아먹힐 위험이 크게 줄어든답니다. 무리를 지어 이동하면 먹잇감도 쉽게 찾을 수 있어요.

물고기 무리와 물고기 떼

물고기들은 여러 가지 방법으로 함께 모여 이동한답니다. 이렇게 물고기가 모여 있는 것을 물고기들의 행동에 따라 물고기 무리, 물고기 떼로 다르게 불러요.

물고기 무리

물고기들이 매우 질서 있게 조직적으로 모여서 움직이는 것을 '무리'라고 해요. 대부분 같은 어종만 모여 있고, 크기도 거의 비슷하답니다. 모두 같은 방향으로 움직여요.

물고기 떼

물고기들이 자유롭게 모여 있는 것을 말해요. 여러 종의 물고기들이 모여 있으며, 물고기가 아닌 다른 생물이 섞여 있기도 해요.

측선

어떻게 줄지어 움직일까요?

물고기는 몸통의 옆부분에 측선이라는 기관이 있어요. 이 측선으로 주변에서 다른 물고기가 움직일 때 생기는 수압의 미세한 변화를 감지할 수 있지요. 덕분에 다른 물고기들과 간격을 맞춰 움직일 수 있답니다.

흑기흉상어

위험해!

물고기들이 상어의 공격을 피하려고 무리를 지어 움직이고 있어요.

서로 돕고 살아요

바다에 사는 동물들은 여러 가지 방법으로 서로 돕고 산답니다. 전혀 다른 종끼리 돕고 살기도 해요. 서로에게 이익이 되는 관계를 맺고 있지요. 이것을 '공생 관계'라고 해요.

돌고래가 만드는 진흙 고리

돌고래는 아주 똑똑한 사냥꾼이에요. 보통 여러 마리가 협동하여 먹잇감을 사냥하지요. 진흙을 파헤쳐서 고리 형태로 흙탕물을 일으켜 먹잇감을 안에 가두는 사냥 방식은 돌고래의 기발한 사냥법 중 하나랍니다.

운 나쁜 물고기
흙탕물 속에서 안절부절못하던 물고기들은 수면 위로 뛰어올라 고리를 빠져나오려 해요. 그러나 물고기들을 기다리는 건 돌고래들의 커다란 입이지요.

↳ 돌고래

↳ 물고기

물고기 떼 주위로 흙탕물이 뭉게뭉게 피어올라요.

흙탕물을 어떻게 일으킬까요?
돌고래들은 꼬리로 진흙 바닥을 긁어서 흙탕물을 일으켜요.

따끔한 독침이 지켜줘요

말미잘은 촉수 안에 독침이 있어요.
그 촉수들로 흰동가리를 안전하게 보호해준답니다.
그 보답으로 흰동가리는 산소가 풍부한 물을
머금고 와서 말미잘에게 산소를 공급해주고,
청소도 해줘요. 게다가 흰동가리의 배설물은
말미잘의 좋은 먹이가 된답니다.

말미잘 / 흰동가리

우리는 사이좋은 룸메이트예요

망둥이는 딱총새우가 파놓은 굴에 함께
살아요. 시력이 나쁜 딱총새우가 굴을
파는 동안 망둥이가 망을 보다가, 위험이
닥치면 딱총새우에게 신호를 보내 함께
굴속으로 도망친답니다.

망둥이 / 딱총새우

여기는 물고기 목욕탕이에요

산호초 주변에는 물고기
목욕탕이 있답니다. 물고기들이
이곳에 가면, 청소부들이 물고기
몸에 붙은 찌꺼기를 맛있게
떼어먹어요. 이 청소부 물고기
덕분에 산호초는 깨끗하고
건강한 상태를 유지한답니다.

깨끗이 청소해요

청소 물고기들은 자신보다 커다란
물고기의 몸을 구석구석 깨끗이
청소해줘요. 아가미와 입속에도
들어가 청소하지요. 큰 물고기들은
청소 물고기가 입안에 들어와도
절대 잡아먹지 않는답니다.

청줄청소놀래기 / 노랑거북복 / 알락곰치 / 청소새우

범고래 가족
암컷 범고래는 백 살이 넘도록 살 수 있어요! 할머니가 된 범고래는 손주 범고래들을 정성껏 돌본답니다. 먹이를 사냥해 손주들을 먹이지요.

새끼를 돌보는 범고래

어미 대왕고래는 하루에 220L의 젖을 새끼들에게 먹인답니다. 욕조를 가득 채울 정도로 많은 양이지요!

육아 담당 고래가 따로 있어요
향유고래들은 먹잇감을 사냥하기 위해 깊이 잠수할 때면 새끼들을 수면에 남겨둡니다. 이때 새끼들을 돌보는 육아 담당 고래가 함께 남아서 배고픈 새끼들에게 젖을 물린답니다.

새끼를 돌보는 향유고래

새끼를 보살피는 동물들

바다처럼 위험한 환경에서는 가족의 보살핌이 매우 중요하답니다.
바다의 포식자들은 어린 바다 생물들을 맛있는 간식거리로 삼으려고 호시탐탐 기회를 엿보고 있어요. 새끼들이 이런 포식자의 위협으로부터 살아남으려면 어른들의 보호가 꼭 필요하답니다.

붉은바다거북

암컷 바다거북은 모래를 파고 그 안에 알을 낳아요. 그런 다음 모래를 덮어 알을 숨겨둡니다.

거북알

바다거북은 자신이 태어난 해변으로 돌아와 알을 낳아요. 암컷 거북은 물 밖으로 기어 나와 모래사장에 구멍을 파고 알을 낳지요. 어미 거북은 낳은 알들을 모래로 덮어 안전하게 가린 다음, 바다로 돌아간답니다.

갓 태어난 새끼들은 덮인 모래를 뚫고 올라와 열심히 바다로 기어가요.

아빠가 새끼를 낳아요

해마들은 수컷이 새끼를 낳는답니다. 암컷이 수컷의 몸에 알을 낳고 떠나면, 수컷이 알들을 배에 있는 주머니에 품고 있다가 새끼를 낳아요.

난쟁이해마

큰입후악치

입안에서 알을 부화하는 물고기

어미가 입으로 알을 품는 물고기도 있어요. 새끼들이 태어날 때까지 알을 안전하게 지키려고 입에 물고 다닌답니다.

49

먼 거리를 이동하는 동물들

바다에 사는 동물들은 평생 한자리에만 머물지 않아요. 먹이를 찾아서, 짝을 찾아서, 알을 낳을 곳을 찾아서 이동한답니다. 어떤 동물들은 매년 엄청나게 먼 거리를 이동하기도 해요. 이런 대규모 이동을 '이주'라고 불러요.

고래

혹등고래들은 무더운 여름이 되면 먹이를 찾아 추운 극지방으로 이동해요. 가을이 되면 새끼를 낳기 위해 따뜻한 곳으로 이동하지요. 새끼들은 부모 고래들 옆에 바짝 붙어서 먼 거리를 안전하게 이동한답니다.

바다거북

암컷 바다거북은 수천 킬로미터를 헤엄쳐 알을 낳을 해변으로 이동해요. 자신이 태어났던 해변으로 돌아와 알을 낳기도 하지요.

붉은바다거북

닭새우

닭새우들은 겨울이 되면 무리를 지어 깊은 바다로 이동한답니다. 한 줄로 길게 행진하는 모습이 신기하지요. 닭새우들은 지구의 자기장을 이용해 길을 찾는답니다.

닭새우

깊은 바다에 사는 몇몇 생물들은 밤이 되면
먹이를 찾아 얕은 곳으로 이동해요. 새우와 해파리,
오징어도 그런 습성을 갖고 있지요.

혹등고래

고래는 태어나자마자 어미와 함께 헤엄친답니다.

닭새우들은 일주일 동안 쉬지 않고 열심히 걸어서 깊은 바다를 가로질러 이동해요.

바다의 서식지

바다에는 수많은 해양 생물들이 살아가는 다양한 서식지가 있답니다.

바다는 물로 가득한 하나의 거대한 공간이지만, 모든 곳이 똑같진 않답니다. 얕고 햇빛이 잘 들며 따뜻한 곳도 있지만 깊고 어두우며 매우 추운 곳도 있어요. 깊고 어두운 심해에 사는 동물들은 가혹한 환경에서 살아남기 위해서 스스로 잘 적응해야만 했지요.

그럼 지금부터 해양 생물들이 살아가는 다양한 서식지를 함께 탐험해 볼까요?

산호초

알록달록한 색으로 반짝반짝 빛나는 산호초 군락에는 생명체들이 가득하답니다. 산호초는 햇볕이 내리쬐는 따뜻한 열대 바다에서 주로 찾아볼 수 있어요. 산호초는 주위 환경에 매우 민감해서 수온의 변화와 수질 오염에 쉽게 상처받는답니다.

산호란 무엇일까요?
산호는 식물이 아니에요. 해파리나 말미잘처럼 자포동물에 속하는 동물이랍니다. 폴립 형태의 작은 산호들이 무수히 많이 모여 만들어진 하나의 구조가 바로 산호초예요.

위장의 달인, 해룡

나뭇잎해룡이 해초 속을 헤엄치면 찾아내기가 정말 어려워요. 해초의 잎을 닮은 지느러미 덕분에 해초 속에서 완벽하게 위장할 수 있답니다.

해초

나뭇잎해룡

해초지

해초지는 얕은 바다에서 볼 수 있는 바닷속 초원이에요.
바다 생물 수백 종의 집이지요.
작은 생물들은 해초 사이에서 몸을 숨길 곳을 찾고,
큰 생물들은 해초를 먹으려고 찾아온답니다.

뿔복

해초지는 전 세계 바닷속 어디에서나 찾아볼 수 있어요. 우주에서도 알아볼 수 있을 만큼 규모가 큰 해초지도 있답니다!

바다거북

듀공

물속에 있는 동안 쉬지 않고 먹어요
듀공은 밤이고 낮이고 해초를 먹어댑니다. 숨을 쉬기 위해 수면으로 올라가야 하지만, 한 번 잠수하면 6분 동안이나 물속에서 머물 수 있어요.

얼룩매가오리

검은점스내퍼

어린 물고기들이 자라는 공간이에요
해초지는 몸집이 작은 어린 물고기들이 안전하게 자랄 수 있는 훌륭한 은신처가 되어 준답니다. 이곳에서 무럭무럭 자란 어린 물고기들은 어른이 되면 해초지를 떠나 드넓은 바다로 향하겠지요.

해삼

성게

푸른불가사리

57

켈프 숲

해안에서 멀지 않은 곳에서 해조가 울창하게 자란 숲을 찾아볼 수 있어요. 길게 자란 해조 숲은 수많은 바다 생물들이 먹이를 찾고 몸을 숨기는 장소가 되어 줍니다. 희귀한 생물들과 멸종 위기 생물들도 이곳에서 찾아볼 수 있지요. 이런 켈프 숲은 공기에서 이산화탄소를 빨아들여 심각한 지구의 기후 변화를 막는 데에도 도움이 됩니다.

해달
해달은 켈프의 천적인 성게를 먹어서 켈프 숲을 지켜주지요. 해달은 잠을 자는 동안 해류에 떠내려가지 않도록 기다란 켈프 잎으로 몸을 감싸고 잔답니다.

켈프의 줄기 부분

자이언트켈프
바다 밑바닥에 단단히 뿌리내린 자이언트켈프는 우뚝 솟은 나무처럼 수면 위까지 뻗는답니다.

공기주머니
공기주머니가 있어서 줄기가 똑바로 설 수 있어요.

블랙스미스피쉬

바다사자
놀기 좋아하는 바다사자들은 켈프 숲 사이를 미끄러지듯 헤엄치고 놀아요. 해초 사이를 요리조리 신나게 가로지르며 먹잇감을 쫓는답니다.

자이언트켈프는 지구상에서 가장 빨리 자라는 식물이랍니다. 하루에 0.6m나 자라지요.

색깔이 변하는 켈프크랩

켈프크랩은 켈프를 먹으면 몸 색깔이 변해요. 먹은 켈프의 색깔과 비슷하게 변한답니다.

성게

성게는 켈프를 정말 좋아해요. 보통은 바다 밑바닥에 떨어진 켈프 조각을 먹어요. 하지만 성게가 많아져서 먹이를 충분히 먹지 못하면 자라나는 켈프를 마구 먹어 치운답니다. 결국에는 켈프 숲 전체가 사라지고 말지요.

가리발디피쉬

잎사귀

켈프크랩

불가사리

성게

자이언트 불가사리

스트로베리 애네모네

삿갓조개

59

정어리 떼는 커다란 포식자가 나타나면 둥글게 뭉쳐서 커다란 공처럼 보이게 한답니다.

가넷

수영 실력을 뽐내는 새
가넷은 물고기를 쫓아 빠른 속도로 헤엄칠 수 있어요. 무려 시속 97km까지 속도를 낼 수 있어요.

정어리

황새치

드넓은 외해

드넓게 펼쳐진 먼바다는 해저나 해변 같은 지형이 없는 오직 바닷물만 가득한 바다랍니다. 이곳에도 바다 생물들이 살고 있지요. 우리가 사는 지구는 표면의 **약 70%가 물로** 이루어져 있어요. 게다가 대양은 매우 깊은 바다라서, 지구상에서 **가장 넓은 서식지**라고 할 수 있어요. 이곳에 사는 동물들은 사는 곳이 넓은 만큼 커다란 몸집을 자랑한답니다.

크릴

크릴 떼
수많은 크릴이 모여 있는 모습은 커다란 공이 소용돌이치듯 보여요. 크릴은 오징어, 물고기, 바다새, 고래 등 수많은 바다 생물들의 중요한 먹잇감이랍니다.

개복치

배럴 해파리

**고래상어는 몸집이 가장 큰 물고기랍니다.
코끼리 아홉 마리와 맞먹는 몸무게를 자랑하지요.**

고래상어

무임승차를 즐기는 물고기
빨판상어는 바다에서 가장 게으른 물고기라고 해도 틀린 말은 아니에요. 머리에 달린 흡착판으로 자신보다 큰 물고기나 바다 생물의 몸에 딱 달라붙어서 살아가니까요.

빨판상어

바다 눈

심해에는 수면 근처에서 사는 생물들의 사체 조각이 눈처럼 포슬포슬 내려요.
이런 '바다 눈'은 심해에 사는 생물들의 좋은 먹잇감이 된답니다.

덤보문어

특이하게 생긴 생물들

심해라는 독특한 환경에서 살아가는 생물들은 보통 생물들과는 **완전히 다른 생김새**를 가지고 있어요.

심해에 사는 동물들

신비로운 바닷속 깊은 곳은 칠흑같이 어둡고 얼음장처럼 차가워요. 그곳에서 생명체가 산다는 것은 도무지 믿기 어려운 일이지요. 하지만 그곳에도 생명체가 살아간답니다. 어둠 속에 숨어서 살아가는 **기괴한 생물들**을 한번 살펴볼까요?

심해의 온천

심해에 사는 생물들은 대부분 해저의 온천에서 뿜어 나오는 뜨거운 물과 화학물질에 기대어 살아간답니다. **해저 온천**에서 솟는 물의 온도는 섭씨 400도에 이르지요.

예티게

심해담치

거대 튜브 벌레

킹크랩

검목상어

검목상어는 자신보다 큰 동물의 살점을 산 채로 뜯어먹는다고 해요.

웨일피쉬

고사머 벌레

생물발광

심해에는 햇빛이 전혀 닿지 않아요. 그래서 심해에 사는 생물들은 스스로 빛을 낸답니다. 바로 '**생물발광**' 현상이지요.

초롱아귀

아귀는 반짝이는 촉수로 **먹잇감을 유인**한답니다.

앵무새오징어는 투명한 몸을 이용해 주위 환경과 같은 색으로 **위장**한답니다.

앵무새 오징어

고래 사체

고래가 죽으면 해저 밑바닥으로 가라앉아요. 이렇게 가라앉은 고래 사체는 **수많은 해저 동물들의 먹이가 된답니다.** 살과 뼈를 가리지 않고 고래의 모든 부분이 해저 생물들에게는 좋은 먹잇감이지요.

수염 갯지렁이

콤마 새우

좀비 벌레

얼음 아래에서 사는 동물들

남극 바다에는 거대한 빙산들이 떠다니지요. 남극의 얼음은 염분이 없는 민물이랍니다. 얼음 아래의 어두운 바다는 고요하고 얼음장처럼 차가운 세상이에요. 이런 환경에서 살아갈 수 있는 생물은 그리 많지 않을 거예요. 하지만 수천 종의 생물들이 얼음 아래의 세상에서 살아가고 있답니다.

수중 고드름
빙하가 만들어지는 과정에서 남은 염분들이 해저로 내려가면서 고드름처럼 얼어붙어요. 이 고드름은 주변의 모든 것을 함께 얼려버리면서 빠르게 해저로 뻗어 나갑니다. 이 **얼음 기둥**을 '브리니클'이라고 해요.

화산 해면

죽음의 고드름
브리니클에 닿은 생물들은 모두 얼어붙는답니다.

거대한 해면동물
화산 해면은 1m가 넘게 자라며 수천 년 동안 살 수 있답니다.

연산호

지붕처럼 덮인 얼음
웨델바다표범은 공기로 숨을 쉬어요.
그래서 얼음에 난 구멍을 찾거나
얼음을 뚫어야만 수면 위로 올라가서
숨을 쉴 수 있답니다.

웨델바다표범

해파리

얼지 않는 물고기들
얼음 아래 세상에서 살아가는 물고기들은
놀랍게도 '얼지 않는 능력'을 갖고 있어요.
핏속에 특별한 단백질을 갖고 있어서
차가운 물속에서도 **얼어 죽지 않지요.**

불가사리

남극성게

남극문어

남극빙어

65

해변

강하게 부는 바람과 거친 파도가 몰아치는 해변은 생물들이 살아가기 어려운 환경이에요. 온종일 밀물과 썰물이 반복되면서 바닷물이 들고 나가기 때문에 수온과 바다의 깊이도 끊임없이 변해요. 이곳에서 사는 생물들은 이처럼 변화무쌍한 환경을 극복하고 살아남아야 하지요.

회색해변해면

김

오이스터캐처

새끼 오이스터캐처

성게

위험한 가시
가시에 독이 있는 위험한 성게도 있어요.

바위게

점망둑

인간과 바다

만약 지구에 바다가 없다면 어떨까요?
완전히 다른 세상이 될 거예요. 건조하고 덥고
생명체가 살기 어려운 환경이 되겠지요.

바다는 지구에 사는 생명체에 매우 중요한 역할을 해요.
바다는 우리에게 먹을거리를 주고, 숨 쉬는 데 필요한
산소도 만들어낸답니다. 지구가 너무 뜨거워지는 것을 막는
역할도 하지요.

바다는 우리가 살아가는 데 필요한 많은 것을 제공하지만,
인간은 바다를 소중히 여기지 않아요. 바다에서 엄청난
양의 물고기를 잡아 오고, 반대로 엄청난 양의 쓰레기를
바다에 버리고 있어요. 바다 생물들은 인간이 버린 쓰레기
때문에 목숨을 잃어요.

바다는 인간과 동물, 나아가 지구의 미래를 지켜줍니다.
우리가 지켜야 하는 우리의 소중한 터전이지요.

바다는 인간의 삶에 어떤 영향을 미칠까요?

우리는 바다를 통해 전 세계로 물건들을 운반하지요.
바다에서 먹을거리를 구하기도 하고 멋진 탐험을 즐길 수도 있어요.
하지만 바다의 진정한 가치는 이런 사소한 역할이 아니랍니다.
바다가 없다면 지구에는 생명체가 존재할 수 없을 테니까요.

이산화탄소를 제거해요
공기 중의 이산화탄소는 바닷물에 녹아들어요. 이런 역할은 지구의 온난화를 막는 데 도움이 된답니다.

O_2

산소를 만들어요
식물성 플랑크톤은 공기에 산소를 방출해요. 인간이 숨을 쉬려면 산소가 필요하지요. 그러므로 산소를 만들어내는 것은 인간에게 매우 중요한 바다의 역할이랍니다.

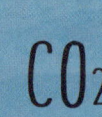

CO_2

즐거운 취미 생활
바다에서 하는 취미 생활은 매우 다양하지요. 서핑, 스노클링, 보트 타기, 수영하기, 카약, 스쿠버다이빙, 낚시 등 셀 수 없이 많아요. 그러니 바다를 안전하게 사용하고 소중히 다루는 것은 매우 중요하답니다.

조력 발전과 풍력 발전
파도와 조류의 힘으로 전기를 만들 수 있어요. 또한, 풍력발전기를 바다에 설치해 바람의 힘으로 전기를 만들어낼 수도 있답니다.

기후 조절

지구의 온도를 유지하는 것도 바다의 중요한 역할이에요. 바다는 태양의 열기를 흡수해서 지구상에 골고루 퍼트리는 역할을 한답니다.

바닷물이 뜨거워지면 수증기가 되어 하늘로 올라가 구름이 되지요. 시간이 지나면 다시 비가 되어 내린답니다.

증발

해상 운송

우리는 음식과 건축 자재는 물론 사람과 동물까지, 온갖 물건들을 배에 싣고 바다를 통해 전 세계로 운반하지요.

바다의 생태계

바다는 수많은 생물의 집이랍니다. 바다에는 다양한 크기와 형태의 바다 생물들이 살고 있지요.

우리가 바다에서 얻는 것

바다는 우리가 살아가는 데 꼭 필요한 것들을 아낌없이 줍니다.

어류, 조개류, 갑각류
어류와 조개류, 갑각류 중에는 인간이 먹을 수 있는 것들이 많답니다.

소금
바닷물을 증발시켜 소금을 얻어요.

해초
해초는 우리의 맛있는 반찬거리가 되지요. 최근에는 연료로도 사용된답니다. 식물 비료의 원료로 사용되기도 해요.

약
바다 생물로부터 추출한 화학물질로 약을 만들기도 해요. 청자고둥의 독은 특정 질병을 치료하는 데 쓰인답니다.

화석 연료
해저에서 석유와 천연가스를 채취해요.

바다가 변하고 있어요

바다는 우리가 아끼고 지켜야 할 소중한 자연입니다. 하지만 우리는 바다를 너무 함부로 대하고 있어요. 아무런 거리낌 없이 플라스틱을 바다에 버리고 물고기를 마구 잡아댔어요. 지구는 점점 뜨거워지고 있지요. 이제 우리는 더 늦기 전에 우리의 바다를 지켜야 해요.

바다를 떠도는 플라스틱
바다에 버려진 플라스틱은 보통 수면을 떠다니지요. 하지만 바닷속 어디에서나 찾을 수 있을 정도로 많이 버려졌어요.

바다거북은 플라스틱을 먹이로 착각하고 삼키다가 목숨을 잃기도 해요.

매년 800만 톤이 넘는 양의 플라스틱이 바다에 버려지고 있어요. 바다 생물들은 플라스틱을 먹이로 착각하고 삼키거나, 플라스틱에 끼여 소중한 목숨을 잃고 있지요.

플라스틱을 집으로 삼은 소라게

플라스틱

우리의 바다는 플라스틱 쓰레기로 가득합니다. 그런데도 우리는 여전히 매일 수 톤의 플라스틱 쓰레기를 바다에 버리고 있어요. 플라스틱이 작은 조각으로 분해되려면 수백 년이 필요하답니다. 분해되더라도 해양 생물들의 목숨을 위협하는 것은 마찬가지예요.

어업과 낚시

바다에는 물고기가 넘쳐나서 마음껏 잡아내도 괜찮다고 여기는 사람들이 많지요. 하지만 이것은 잘못된 생각이에요. 실제로 인간의 무분별한 포획 때문에 많은 해양 동물들이 멸종 위기에 처해 있어요.

해양보호구역

해양보호구역은 어업과 채집을 할 수 없도록 법으로 정해둔 지역을 말해요. 해양보호구역을 조성하는 것은 인간의 이기심 때문에 상처를 입은 바다의 동식물들이 회복할 수 있도록 돕는답니다.

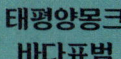

태평양몽크
바다표범

매년 수천만 마리의 상어가 지느러미 때문에 인간에게 잡혀 목숨을 잃고 있어요. 지느러미만 떼어 내고 다시 바다로 던져버리는 잔혹한 일도 벌어지고 있지요.

지구 온난화

지구의 온도가 높아지면서 북극과 남극의 빙하가 녹고 있답니다. 그래서 전 세계의 해수면은 점점 상승하고 있어요. 바닷물 온도가 상승하면 산호와 같은 해양 생물들이 살아남기 어려워진답니다.

건강한 산호
건강한 산호초 안에는 색이 밝은 해조류가 살아서 산호초의 먹이가 된답니다.

스트레스를 받은 산호
수온이 상승하고 환경이 오염되어 산호가 스트레스를 받으면 점점 해조류가 살기 어려운 환경이 되지요.

백화현상이 일어난 산호
해조류가 모두 사라지고 홀로 남은 산호는 먹이를 먹지 못해 말라 죽고 말지요.

바다를 지켜주세요

플라스틱이 바다에 버려지지 않게 하는 가장 좋은 방법은 바로 플라스틱 제품을 사지 않는 거예요. 하지만 그게 쉬운 일은 아니지요. 꼭 사용해야 한다면 플라스틱을 재사용하는 것이 어떨까요? 그럼 지금부터 플라스틱을 버리지 않고 재사용하는 방법을 함께 알아볼까요?

자동으로 물을 주는 화분 만들기

플라스틱은 방수가 잘 되고 튼튼해서 식물을 심어 화분으로 쓰면 아주 좋아요. 이 화분은 자동으로 물을 주는 화분이랍니다. 화분도 생기고 바다도 살리는 좋은 방법이지요.

이 구멍으로 실을 넣을 거예요.

준비물
화분을 만들려면 페트병과 가위, 자와 실이 필요해요. 물과 흙도 필요하지요. 심을 식물도 당연히 준비해야겠지요? 페트병을 자를 때는 위험하니 꼭 어른과 함께 작업하세요.

만들어 볼까요?
우선 가위를 이용해 페트병 뚜껑에 구멍을 냅니다. 위험한 작업이니 어른께 부탁하세요. 페트병의 가운데를 가위로 잘라 반으로 나눕니다.

사용 후 재활용되는 페트병은
전체의 20%도 채 안 된다고 해요.

날카로우니 조심하세요.

이 실은 물을 흡수해 식물에 공급하는 역할을 해요.

햇빛이 잘 드는 곳에 두면 식물이 무럭무럭 자라날 거예요.

흙

물

조립 단계

병뚜껑에 낸 구멍으로 실을 넣은 다음 병뚜껑을 잠급니다. 그런 다음 병의 윗부분을 뒤집어서 아랫부분에 끼워 넣으세요.

식물을 심으세요

병의 아랫부분에 물을 채우고 윗부분에는 흙을 채웁니다. 흙을 살짝 파내고 식물을 심으세요. 그런 다음 흙을 다져 식물을 단단하게 고정하면 돼요.

용어

가슴
곤충의 몸에서 중간에 있는 부위를 말해요.

갑각류
게, 새우, 바닷가재처럼 관절이 있는 다리와 딱딱한 껍질을 가진 동물을 갑각류라고 해요.

고래류
대표적인 해양 포유류예요. 고래와 돌고래, 알락돌고래 등이 있어요.

공생 관계
두 개의 서로 다른 종 가운데 한쪽만 이익을 얻거나, 양쪽 모두 이익을 얻는 관계를 말해요.

군체
같은 종의 동물이나 식물 들이 모여 큰 집단을 이루어 함께 사는 형태를 군체라고 해요.

극지방
북극 또는 남극의 주변 지역을 말해요.

극피동물
불가사리처럼 주로 피부에 가시가 나 있는 무척추동물을 말해요.

기각류
발에 지느러미가 있는 해양 동물이에요. 바다사자, 바다표범, 바다코끼리 등이 있어요.

기후
긴 시간 동안 어떤 지역에서 일반적으로 나타나는 날씨 변화를 기후라고 해요.

기후 변화
지구 전체의 평균 온도와 날씨가 점점 변하는 현상을 말해요.

남극 지방
지구의 남극과 그 주변 지역을 말해요.

대륙붕
육지와 연결된 얕은 해저 지형을 대륙붕이라고 해요.

대륙사면
대륙붕과 심해 평원을 잇는 경사면을 말해요.

대륙의 이동
대륙이 오랜 시간이 흐르는 동안 지표면을 조금씩 이동하는 것을 말해요.

대륙지각
지구의 지각을 구성하는 가벼운 암석으로 된 두꺼운 암석층이에요. 맨틀이라는 무거운 암석층 위에서 움직이며 대륙이 되지요.

독
먹거나 만지면 목숨을 잃을 수도 있는 위험한 물질이에요.

두족류
두족류는 연체동물에 속해요. 대표적으로 문어가 있지요. 두족류는 대부분 입이 있고 빨판으로 뒤덮인 다리가 있어요.

등지느러미
돌고래나 물고기의 등에 하나만 나 있는 지느러미를 말해요.

먹이 그물
바다 생물들은 서로 먹고 먹히며 살아간답니다. 이것을 먹이 그물이라고 표현해요.

먹잇감
다른 동물들의 사냥감이 되는 동물이에요.

무척추동물
등뼈가 없는 동물이에요.

물고기 떼
물고기들이 한곳에 모여서 헤엄치고 있는 것을 물고기 떼라고 불러요.

물고기 무리
물고기들은 크게 무리를 지어 같은 방향과 같은 형태로 헤엄쳐요.

민물
강이나 연못의 물처럼 염분이 없어 짜지 않은 물을 말해요.

복족류
달팽이나 민달팽이처럼 촉수와 수백 개의 이빨 모양 돌기가 나 있는 부드러운 동물이에요. 연체동물에 속하는 대표적인 종이에요.

북극 지방
지구의 북극과 그 주변 지역을 말해요.

비늘
파충류의 몸을 뒤덮은 단단한 조각들을 비늘이라고 해요.

산소
생물이 살아가기 위해 꼭 필요한 원소예요. 공기에 녹아 있지요.

산호
군체를 형성해 살아가는 단단한 껍질이 있는 작은 바다 생물이에요.

산호초
열대 해안의 따뜻한 바닷물에서 산호들이 군체를 형성하면 바위처럼 단단해져요. 이것을 산호초라고 한답니다. 산호초 주변은 많은 물고기와 바다 생물들이 살아가는 터전이지요.

생물발광
생물이 스스로 빛을 내는 현상을 말해요.

생애 주기
어떤 생물이 일생 동안 겪는 변화를 생애 주기라고 해요.

서식지
동물이나 식물이 사는 곳이에요. 바다에는 해초지와 산호초 등이 있지요.

숨구멍
고래는 머리 꼭대기에 있는 숨구멍으로 숨을 쉴 수 있어요.

쓰나미
바다에서 발생한 지진이나 해저 화산의 폭발로 생긴 거대한 파도를 말해요.

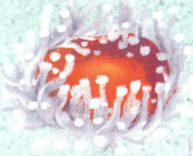    

아가미
어류와 갑각류 등이 물속에서 산소를 섭취하여 숨을 쉬게 해주는 기관이에요.

연체동물
뼈가 없고 부드러운 몸을 가진 동물을 말해요. 달팽이나 굴처럼 껍데기를 가진 동물도 있어요.

위장
주변 환경과 비슷한 피부색이나 무늬가 있어 몸을 숨기는 동물들이 있어요.

유선형
물속에서 쉽게 헤엄칠 수 있는 매끄러운 모양이에요. 저항을 적게 받는 형태이지요.

음파탐지기
바닷속으로 음파를 발사해 바닷속에 있는 동물이나 물체가 어느 위치에 있는지 알아내는 장치를 말해요. 항해와 통신에 사용하지요.

이산화탄소
식물은 영양분을 만들어내기 위해 공기에서 이산화탄소를 흡수하지요.

이주
사람이나 동물이 살던 곳을 떠나 다른 곳으로 이동하는 것을 이주라고 해요. 동물들은 보통 계절에 따라 먹잇감을 찾고 번식하기 위해 안전한 곳을 찾아 이동한답니다.

적응
동식물이 서식지의 환경에 어울리도록 스스로 변화하는 것을 적응이라고 해요.

조류
달의 인력으로 바닷물의 높이가 규칙적으로 오르내리는 현상을 말해요.

종
같은 혈통과 특징을 가진 동물이나 식물의 집단을 '종'이라고 해요.

지구 온난화
지구의 평균 기온이 점점 오르는 현상을 말해요.

지방층
바다에 사는 포유동물은 두꺼운 지방층이 있어 추위를 견딜 수 있어요.

지진
지구의 지각에 갑작스러운 힘이 작용해서, 그 충격으로 땅이 심하게 흔들리는 현상을 지진이라고 해요.

척추동물
등뼈가 있는 동물이에요.

촉수
오징어나 문어 같은 동물들이 손처럼 사용하는 기관이에요. 길고 뼈가 없으며 유연하지요.

크릴
먼바다에 사는 작은 갑각류로, 수많은 해양 동물의 먹잇감이 된답니다.

파충류
비늘로 뒤덮인 건조한 피부의 변온동물이에요. 대부분 육지에 알을 낳지요. 바다거북, 바다악어, 바다뱀 등이 있어요.

포식자
다른 동물을 사냥하고 잡아먹는 동물을 일컬어 포식자라고 해요.

포유류
포유류는 정온동물이자 척추동물이며 새끼에게 젖을 먹이지요.

플랑크톤
바다나 호수의 수면 근처를 떠다니는 아주 작은 생물이에요.

해
육지로 둘러싸인 바다를 말해요. 해는 대양보다 작아요. 대양의 일부이지요.

해구
해저에 있는 가파른 골짜기나 깊은 계곡을 해구라고 해요.

해류
바닷물이 특정한 방향으로 이동하는 것을 말해요.

해변
바다와 맞닿아 있는 지역을 말해요. 모래나 돌, 암석으로 이루어진 곳이 많아요.

해수면 높이
바다가 육지와 맞닿은 곳의 깊이를 말해요.

해안
육지와 바다가 만나는 곳이에요.

해저산
해저에 있는 화산이에요. 바닷속에 완전히 잠겨 있지요.

해조류
바닷속이나 해변에서 찾아볼 수 있는 단순한 구조의 식물들을 해조류라고 해요. 해초는 해조류의 일종이랍니다.

화석 연료
고대 생물의 유해에서 만들어진 자연 에너지를 말해요. 한 번 쓰면 다시 사용할 수 없어요. 석유는 대표적인 화석 연료랍니다.

화석
고대 생물의 흔적이 암석 내부에 남은 것을 화석이라고 해요.

환경
지형 조건이나 날씨처럼 동물이 살아가는 곳 주위의 상태를 환경이라고 해요.

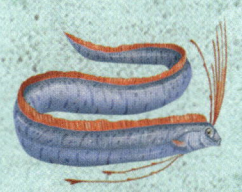

찾아보기

가넷 60
가리비 21
가오리 26, 57
갑각류 21, 71
갑오징어 21
갯민숭달팽이 21
거미게 21
거미불가사리 13
거북손 21
검목상어 12, 63
게 21, 41, 59, 66, 72
경골어류 28-29
고대의 생태 14-15
고래 12, 15, 34-35, 48, 50-51, 63
고래류 34-35
고래상어 60-61
고사머 벌레 12, 63
공기주머니 58
공생 46-47
군함조 33
귀상어 27
극피동물 21
기각류 34
기요 11
기후 71
기후 변화 58, 72-73
꽃갯지렁이 20
꽃병해면 20
꿀꺽장어 12

나우틸로이드 15
낚시 70, 73
날치 29
남극 64-65
남극해 6
놀래기 47
늑대장어 12

달 5, 8, 9
닭새우 21, 50-51
대륙붕 10
대륙사면 10
대서양 6
대서양연어 29
대양 6-7
대양 컨베이어 벨트 7

대왕고래 34-35, 48
대왕조개 21, 54
도둑갈매기 33
도마뱀 31
돌고래 12, 17, 34, 40, 46
동물 12-13, 18-37, 53-67, 71-73
두족류 21
듀공 35, 57
딱딱한 산호초 55
딱총새우 47
란도어 12

마그나피나오징어 12
마리아나 스네일피쉬 13
마리아나 해구 11
말미잘 20, 47, 54
망둥이 47, 66
매너티 35
매부리바다거북 55
머리지느러미 26
먹물 24, 25
먹이 50-51, 63, 69, 71
먹이 그물 40-41
먼바다 60-61
메갈로돈 14, 15
멸종 35
무인 탐사선 16
무척추동물 15, 20-21
문어 21, 24-25, 40, 42, 65
물고기 떼 45
물고기 무리 45
민물 28, 64

바다 눈 62
바다이구아나 31
바다거북 31, 40, 49, 50-51, 55, 57, 72
바다거북 둥지 49, 50
바다나리 21
바다뱀 31, 41
바다사자 34, 58
바다쇠오리 33
바다악어 30
바다의 벌레들 20
바다제비 33
바다코끼리 34
바다표범 34, 65, 73
바닷가재 21, 50-51
바닷물 5
바람 5, 8
배 71

배럴아이 12
뱀 31
범고래 41, 48
벨루가 35
보름달물해파리 23
복어 29
복족류 21
부드러운 산호초 55, 64
부채산호 20, 55
북극곰 18-19
북극해 6
불가사리 21, 57, 65
붉은바다거북 49, 50-51
브리니클 64
비 71
비어디드파이어웜 20
빨간손가락해면 20
빨판상어 61

사냥 35, 44, 46, 73
사슴뿔산호 54
산갈치 29
산소 69, 70
산호초 12, 20, 43, 47, 54-55, 73
삼엽충 14, 15
삿갓조개 21, 67
상어 12, 14, 27, 42, 55, 60-61, 63, 73
상자해파리 20
새 32-33, 40, 41, 66, 67
새끼 48-49
새끼 돌보기 48-49
새우 21, 47, 51
색소 세포 24
샌드 달러 21
생물발광 12, 63
서식지 12-13, 52-67
석유 71
성게 21, 57, 59, 65, 66
소금 71
수염고래 41
수온 8, 12-13, 54, 62, 73
스톤피쉬 43
식물 40-41, 53, 56-59, 66-67
식물성 플랑크톤 70
심해 62-63
심해 평원 10
심해원양대 13
쌍각류 21
쏠배감펭 29
쏠종개 29
쓰나미 9

아가미 27, 28, 47
아귀 12, 63
아노말로카리스 14
알 27, 49, 50
알락돌고래 34
알바트로스 32
암블로세투스 14
앵무새오징어 63
약 71
양서류 13
어류 15, 26-29, 42-47, 49, 54-55, 57, 65
얼음 64-65
얼지 않는 능력 65
엄니 36-37
에너지 40-41, 70
에베르만넬라 12
연골어류 26
연체동물 21
열대새 33
염분 제거 분비샘 32
오염 54, 67, 69, 72
오이스터캐처 66, 67
오징어 12, 51, 63
왕털갯지렁이 20
외해 60-61
우주 5
웨델바다표범 65
위장 42-43
유령상어 27
유령실고기 43
유리해면 20
유선형 27
은상어 27
음파탐지기 17
이산화탄소 58, 70
이주 50-51
인도양 6
인력 5, 9
일각돌고래 36-37
입안에서 알을 부화하는 물고기 49

자동으로 물을 주는 화분 74-75
자이언트켈프 58
자포동물 20
작은부레관해파리 20
잠수정 17
장수거북 31
장어 12, 13, 29, 41, 47
재활용 74-75

적응 12, 32, 34
전기뱀장어 29
점심해수층 12
정어리 60
젖 48
조개 71
조력 70
조력 발전 70
조석 9
조수 웅덩이 67
주름상어 14
중앙해령 10
중층원양대 12
쥐가오리 26
지구 온난화 73
지방층 34, 35, 63
지진 5, 9
진화 39
진흙 고리 46
짝짓기 44, 50

천연가스 71
청소 물고기 47
청자고동 21
초록곰치 41
초심해저부 13
촉수 22
측선 45

카메로케라스 14
커스크장어 13
켈프 뿌리 59
켈프 숲 58-59
코끼리바다표범 34
코코넛문어 25
코핀피쉬 12
크리스마스트리윔 20, 56
크릴 40, 61
키메라 26, 27
탐사 16-17
탐사선 16-17
태설드와비공 42
태양 9, 40
태평양 6, 11
털줄왼손집게 41
파도 9
파도타기 9
파이어쉬림프 21
파충류 14, 15, 30-31

펭귄 32, 38-39
포식자 42, 44
포유류 34-35
폴립 54
표해수층 12
풀마갈매기 33
풍력 발전 70
프테리고투스 14
플라스틱 쓰레기 67, 72, 74-75
플랑크톤 40
플레시오사우루스 14, 15
피어나다 23
피콕맨티스쉬림프 21, 55

항아리해면 20
해 6-7
해구 11, 13
해달 41, 58
해룡 56
해류 7, 8
해마 29, 49, 55, 56
해면 20, 64, 67
해삼 21, 57
해상 시추 설비 11
해수층 12-13
해안 66-67
해양보호 구역 73
해양스포츠 70
해저 10-11
해저 자원 11, 71
해저 협곡 11
해저산 10
해조류 41
해초 12, 41, 58-59, 66, 67, 71
해초지 56-57
해파리 12, 20, 22-23, 40, 51, 61, 65
향유고래 12, 48
협동 44-45, 46
혹등고래 35, 50-51
화산 해면 64
화산섬 11
화석 14, 15
화석 연료 71
흉내문어 42
흰동가리 47

감사의 글

저희 DK출판사는 이 책을 펴내는 데 많은 도움을 주신 분들께 감사의 말씀을 전합니다. 교정 작업을 해주신 폴리 굿맨 님, 찾아보기를 만들어주신 헬렌 피터스 님, 표지 제작에 도움을 주신 디라지 아로라 님, 그리고 프로그램 운용을 도와주신 톰 모스 님께 감사드립니다.

이미지 저작권

이 책에 사진을 싣도록 흔쾌히 허락해주신 모든 분들께 감사 인사 전합니다.

(참고: a=above; b=below/bottom; c=centre; f=far; l=left; r=right; t=top)

1 **123RF.com:** Ten Theëralerttham / rawangtak (cb). **Alamy Stock Photo:** WaterFrame (clb/Garibaldi Fish and Giant Spined Starfish). **Dreamstime.com:** Pablo Caridad / Elnavegante (cra); Underwatermau (tc); Dongfan Wang / Tabgac (cla); Cherdchay Toyhem (cb, crb/seaweed); Igor Dolgov / Id1974 (cra/Echinus esculentus, crb/Echinus esculentus); Fenkie Sumolang / Fenkieandreas (crb); Sombra12 (cla); **Fotolia:** uwimages (cla/anemonefish). 2 **Dorling Kindersley:** Linda Pitkin (clb, bl). 2-3 **Dreamstime.com:** Designprintck (Background). 4-5 **Alamy Stock Photo:** eye35 stock. 5 **Dreamstime.com:** Designprintck (r). 6 **Dreamstime.com:** Pablo Caridad / Elnavegante (cra). 6-7 **Dreamstime.com:** Ruslan Nassyrov / Ruslanchik (b). 8 **123RF.com:** Sirapob Konjay (t); **Dreamstime.com:** Pablo Caridad / Elnavegante (cra); Vladvitek (cra). 9 **123RF.com:** Steve Collender (b); **Dreamstime.com:** Mexrix (c/palm); **Dreamstime.com:** Mexrix (cb/Sea); Ruslan Nassyrov / Ruslanchik (cb); **Fotolia:** Yong Hian Lim (cr, crb). 10 **Dreamstime.com:** Vladvitek (tc). 10-11 **Dreamstime.com:** Ruslan Nassyrov / Ruslanchik (c). 12 **123RF.com:** Pavlo Vakhrushev / vapi (ttl). **Alamy Stock Photo:** National Geographic Image Collection (cb); Paulo Oliveira (ft, tl/hatchet fish); Nature Picture Library (cla); World History Archive (c); Kelvin Aitken / VWPics (bc/anglerfish). **Dorling Kindersley:** Holts Gems (fbl); **Dreamstime.com:** Caan2gobelow (tl/dolphins); Tazdevilgreg (ttl/coral Trout); Jamesteohart (cla/Whale); Tatus (cla/Chelmon); Carol Buchanan / Cbpix (tl). 14-15 **Dreamstime.com:** Designprintck (Background). 14 **Dreamstime.com:** Cornelius20. 15 **Dorling Kindersley:** Hunterian Museum University of Glasgow (clb). **Dreamstime.com:** Eugene Sim Junying (crb); Tententenn (cra). **Science Photo Library:** Millard H. Sharp (cr). 16 **Alamy Stock Photo:** Agencja Fotograficzna Caro (c); PJF Military Collection (tr). 17 **Dreamstime.com:** Kateryna Levchenko (cl); Willyambardberry (cra). 18-19 **Alamy Stock Photo:** National Geographic Image Collection. 20 **Alamy Stock Photo:** David Fleetham (c); National Geographic Image Collection (cla); Luiz Puntel (cb); imageBROKER (crb). **Dorling Kindersley:** Linda Pitkin (cra, cr/Giant feather duster worm). **Dreamstime.com:** Seadam (clb); WetLizardPhotography (fcla). **Getty Images / iStock:** atese (cl). **naturepl.com:** David Shale (fclb, fclb/Glass sponge). 21 **Alamy Stock Photo:** Brandon Cole Marine Photography (cla/Snail). **Dorling Kindersley:** Natural History Museum, London (cl, crb); Linda Pitkin (cla, fclb, tr). **Dreamstime.com:** Aleksey Solodov (cra). 22 **Dreamstime.com:** Blufishdesign (c); Iuliianna Est (crb). 23 **Dreamstime.com:** Seadam (c). 24-25 **Dreamstime.com:** Ihor Smishko (b). 25 **Alamy Stock Photo:** ImageBROKER (c); WaterFrame (tc); Mike Veitch (bc/octopus, br). **Dreamstime.com:** Izanbar (bc); Jolanta Wojcicka (c). 26 **Dorling Kindersley:** Dr. Peter M Forster (cl). **Getty Images:** Westend61 (cl). 26-27 **Dreamstime.com:** Andreykuzmin. 27 **Alamy Stock Photo:** Kelvin Aitken / VWPics (bl). **Getty Images:** Dmitry Miroshnikov (tr). 28 **123RF.com:** Witold Kaszkin (b/winter landscape); Eugene Sergeev (c/Ice). **Dreamstime.com:** Christopher Wood / Chriswood44 (b/Ice); Olga Khoroshunova (Background). 30-31 **Dreamstime.com:** Olga Khoroshunova (Water); Ihor Smishko (ca/Sand). 31 **Alamy Stock Photo:** Mauritius Images GmbH (c); Ellen McKnight (b/Leatherback turtle). **Dreamstime.com:** Fenkie Sumolang / Fenkieandreas (t); Mexrix (b). 32 **Alamy Stock Photo:** Accent Alaska.com (bl). **Dreamstime.com:** Willtu (tr). **FLPA:** Terry Whittaker (c). 33 **Alamy Stock Photo:** AGAMI Photo Agency (c). **Dorling Kindersley:** George Lin (ca). **Dreamstime.com:** Donyanedomam (br). **Getty Images / iStock:** Henk Bogaard (cra). 34-35 **Dreamstime.com:** Designprintck (Background); Mexrix (b). 34 **Dreamstime.com:** Willyambardberry (br); Vladimil Melnik / Zanskar (cla). 35 **123RF.com:** Christopher Meder / ozbandit (br). **Dreamstime.com:** Jamesteohart (bl); Mexrix (cra). 36-37 **123RF.com:** Witold Kaszkin (ca/ice); Eugene Sergeev (ca). **Dreamstime.com:** Christopher Wood / Chriswood44 (ca/Frozen). 36 **Alamy Stock Photo:** Corey Ford (c). **naturepl.com:** Doug Allan (b). 37 **Dreamstime.com:** Luis Leamus (tl); Zhykharievavlada (clb); **naturepl.com:** Eric Baccega (ca). 38-39 **Alamy Stock Photo:** Giedrius Stakauskas. 39 **Dreamstime.com:** Designprintck. 40 **123RF.com:** Imagesource (br); Dmytro Pylypenko (b). **Dorling Kindersley:** Natural History Museum, London (cr). **Dreamstime.com:** Duncan Noakes (c). **Photolibrary:** Photodisc / White (cb). 40-41 **Dreamstime.com:** Designprintck: Olga Khoroshunova (Background); Mexrix (Sea). 41 **Dreamstime.com:** Lukas Blazek (c); Mauro Rodrigues (tl); Donyanedomam (tr); Cherdchay Toyhem (cla); Jamesteohart (c); Simone Gatterwe / Smgirly (br). 42 **123RF.com:** Tudor Antonel Adrian / Tony4urban (c). **Dreamstime.com:** Orlandin (bl). 43 **Dorling Kindersley:** Linda Pitkin (cl). **Dreamstime.com:** Andamanse (cla); Seatraveler (r). 44-45 **123RF.com:** inkdrop. 45 **Alamy Stock Photo:** Frank Hecker (crb). **Dreamstime.com:** Aquanaut4 (cra); Designprintck (r); Seaphotoart (c). 46-47 **Dreamstime.com:** Designprintck (Background). 47 **Alamy Stock Photo:** cbimages (cl); Howard Chew (c); imageBROKER (r); Pete Niesen (br). **Dreamstime.com:** Jolanta Wojcicka (br/Coral reef). 48 **Alamy Stock Photo:** Arco Images GmbH (r); Blue Planet Archive (c). 48-49 **123RF.com:** Ten Theëralerttham / rawangtak (bc). **Dreamstime.com:** Olga Khoroshunova (water); Mexrix. 49 **Alamy Stock Photo:** Arco Images GmbH (tc); Nature Picture Library (bl). **Dreamstime.com:** Designprintck (t/texture); Ihor Smishko (t/Sand); Foryouinf (cra). **FLPA:** Photo Researchers (cr). 50 **Alamy Stock Photo:** Nature Picture Library (cla). **Dreamstime.com:** Wrangel (crb). 51 **Dreamstime.com:** Corey A. Ford / Coreyford (cla); Hadot (clb); Schnapps2012 (tb). 52-53 **Alamy Stock Photo:** Ron Niebrugge. 53 **Dreamstime.com:** Designprintck. 54-55 **123RF.com:** Ten Theëralerttham / rawangtak (cb). **Alamy Stock Photo:** Daisuke Kurashima. 54 **Alamy Stock Photo:** F1online digitale Bildagentur GmbH (c); Luiz Puntel (cl). **Dreamstime.com:** WaterFrame (bl); Reef and Aquarium Photography (br). **Dorling Kindersley:** Linda Pitkin (c). **Dreamstime.com:** Orlandin (cra); Secondshot (cla). **Getty Images / iStock:** marrio31 (c). 55 **123RF.com:** sergemi (c). **Alamy Stock Photo:** imageBROKER (br); Oksana Maksymova (cra). **Dorling Kindersley:** Holts Gems (cra/Gem Coral); Linda Pitkin (ca, fcrb); Natural History Museum, London (clb/coral branch). **Dreamstime.com:** Alexander Shalamov / Alexshalamov (tr); Whitcomberd (bc); Orlandin (cr, bl); Ethan Daniels (cr/Shark); Dream69 (fcra, bc/Gorgon whip). **Getty Images / iStock:** Peter_Horvath (clb). 56 **Dreamstime.com:** Juliana Scoggins / Bellavista233 (c); Serg_dibrova (bl); Seadam (bc); Isselee (cr). 57 **123RF.com:** Richard Carey (tl); Keith Levit (c). **Alamy Stock Photo:** Martin Strmiska (c); Serg_dibrova (b); Seadam (bl); Para827 (cb). 60 **Alamy Stock Photo:** BIOSPHOTO (ca); Nature Picture Library (b); Paulo Oliveira (clb). 60-61 **Dreamstime.com:** Martin Voeller (b). 61 **123RF.com:** aoldman (bc). **Alamy Stock Photo:** Nature Picture Library (tr); David Priddis (cla). **naturepl.com:** Richard Herrmann (b). 62 **123RF.com:** Charles Brutlag (c), 64-65 **123RF.com:** Witold Kaszkin (t/ice). **Alamy Stock Photo:** Justin Hofman (c). **Dreamstime.com:** Tarpan. **naturepl.com:** Pascal Kobeh (bc/starfish); Norbert Wu (Sea Urchin). 64 **naturepl.com:** Pascal Kobeh (crb); Norbert Wu (b). 65 **naturepl.com:** Jordi Chias (c); Norbert Wu (t, br, crb, cb/Bald Notothen, bc); Pascal Kobeh (cb, cb/starfish). 66 **Alamy Stock Photo:** Richard Mittleman / Gon2Foto (c). **Dorling Kindersley:** Cecil Williamson Collection (cb/stone); Stephen Oliver (c). **Dreamstime.com:** Igor Dolgov / Id1974 (br); Alfio Scisetti / Scisettialfio (c); Madelein Wolfaardt (bla). **naturepl.com:** Nick Upton (bl). 68-69 **Getty Images:** Klaus Vedfelt. 69 **Dreamstime.com:** Designprintck (r). 70-71 **Dreamstime.com:** Designprintck (Background); Mexrix (Sea). 71 **123RF.com:** petkov (cra). **Dreamstime.com:** Aleksey Bakaleev / Bakalusha (cl); Pablo Caridad / Elnavegante (c); Winai Tepsuttinun (br). 72 **123RF.com:** Aleksey Poprugin (c/plastic bag). **Alamy Stock Photo:** cbimages (bl). **Dreamstime.com:** BY (c); Alfio Scisetti / Scisettialfio (c/bottles); Indigolotos (c/plastic bottle). **Getty Images / iStock:** Picsfive. 73 **Alamy Stock Photo:** ArteSub (c). 74-75 **Dreamstime.com:** Mexrix (c/Sea). 75 **Dreamstime.com:** Anton Starikov (cb). 76-77 **Dreamstime.com:** Designprintck (Background); Olga Khoroshunova (b/water). 78 **Dreamstime.com:** Cynoclub (tr). 78-79 **Dreamstime.com:** Designprintck (Background). 80 **Dreamstime.com:** Designprintck.

Cover images: *Front:* **Dorling Kindersley:** Stephen Oliver cra, cl; **Dreamstime.com:** Cynoclub bl, Fenkie Sumolang / Fenkieandreas bc, Martinlisner ca/ (Blue Tang), Sombra12 cr, Tazdevilgreg ca; *Back:* **Dorling Kindersley:** Stephen Oliver clb; **Dreamstime.com:** Cynoclub ca, Dragonimages tl, Sombra12 cl; *Spine:* **Dreamstime.com:** Sombra12 cb

Endpaper images: *Front:* **Dreamstime.com:** Cynoclub ; *Back:* **Dreamstime.com:** Cynoclub

All other images © Dorling Kindersley
For further information see: www.dkimages.com

그림 작가 소개

클레어 매켈패트릭은 프리랜서 화가다. 아동 도서 작업을 하기 전에는 그림 연하장을 그렸다. 콜라주 방식으로 손수 그린 그림은 영국 시골에 있는 자신의 집에서 영감을 받아 그렸다. 그린 책으로 『나무가 궁금해!』, 『벌레가 궁금해!』가 있다.